AF355019

ADAPTACIÓN A UTOPÍA

Daniel Yacubovich Bursztyn

ADAPTACIÓN A UTOPÍA

Daniel Yacubovich Bursztyn

MONTABER

Colección: Montaber
Director: David Soler

Adaptación a utopía
1.ª edición, 2012, FUNDIT - Escola Superior de Disseny ESDi,
    ISBN 978-84-936165-5-7
2.ª edición, 2021, Marge Books

© Daniel Yacubovich Bursztyn
© de esta edición, incluido el diseño de la cubierta: ICG Marge, SL

Edita: Marge Books | Montaber
València, 558 - 08026 Barcelona
Tel. 931 429 486 - montaber@montaber.es
www. montaber.es

Gestión editorial: Eva Franch
Edición y coordinación: Gemma Gómez y ESDi - Unitat de Teoria i Anàlisi del Disseny
Maquetación: Bibiana Casassas
Colaboración editorial: Laura Serral
Impresión: Prodigitalk, SL (Martorell, Barcelona)

ISBN edición impresa: 978-84-18532-63-4
ISBN edición digital: 978-84-18532-64-1
Depósito Legal: B 6005-2021

El papel empleado en este libro no ha sido blanqueado
con cloro elemental (CI_2).

Para Silvia, Gabriel,
mis padres y mis hermanos.

Deseo agradecer a la dirección de la ESDi
su iniciativa de crear esta colección de
publicaciones, y especialmente al *Sr. Antoni
Garrell* y al *Dr. Llorenç Guilera* por el apoyo que
me han brindado para esta publicación. Al
equipo de diseño que dio forma a este libro,
Caterina Canet y *Bibiana Casassas*.

En la lectura y sugerencias de corrección del
texto, quiero agradecer a *Maria Arnal Dimas*
y a *Gemma Gómez*.

A *Silvia* y a *Gabriel* deseo agradecerles su
apoyo y sus comentarios inteligentes y
constructivos.

ÍNDICE

PRIMERA PARTE: ADAPTACIÓN A UTOPÍA

PRESENTACIÓN

Daniel Yacubovich se define a sí mismo como un artista visual. Pero para la Escuela Superior de Diseño ESDi es mucho más que esto. Lleva veintidós años de profesor —desde el mismísimo nacimiento de la escuela. Un excelente docente que transmite a sus alumnos el entusiasmo para explorar las formas y los colores, para experimentar con los objetos y buscar en ellos esta dimensión de espiritualidad y sugerencias sutiles de sensaciones y emociones que acompañan a toda obra de arte y a todo buen diseño.

Yacubovich dice de sí mismo que es argentino-israelita-español. Tiene en verdad estas tres dimensiones nacionales en su persona y en su vida, pero ha sabido ser, por encima de todo, un hombre universal. Un auténtico nómada intelectual que ha viajado por todos los países intelectuales de la expresión artística y de la creatividad que le han ayudado a enriquecer su mundo interior en un momento dado.

Yacubovich es también un gran profesor muy preocupado para potenciar al máximo a sus estudiantes. Como mejor se explica es creando atractivas obras con ellos, pero él se ha esforzado también siempre en acompañar sus clases con trabajos escritos donde expone sus puntos de vista sobre las claves de la creatividad en el diseño.

El texto que se presenta aquí es, a nuestro juicio, un magnífico ejemplo de cómo a Daniel Yacubovich no le basta con hacer y mostrar. De cómo persigue, además, construir un discurso estimulante sobre las reflexiones que le mueven para enseñar a los alumnos de diseño a ser más creativos.

Llorenç Guilera

PRÓLOGO

Daniel Yacubovich no podría dejar de ser un artista ni aunque se lo propusiera con todas sus fuerzas. Tiene una pulsión creativa irrefrenable que le lleva a ver todo lo que hay a su alrededor en términos poéticos; para él una silla no es solo un mueble, sino el objeto donde descansa toda una historia.

Considera muy importante que la creatividad no quede estancada, cosa que no siempre es posible porque el diseñador choca con muchas limitaciones, las cuales le pueden llevar a perder la capacidad de ser un auténtico creador y convertirle en mero reproductor de la obra de otros autores, sin que sepa romper sus propias barreras e investigar hasta dónde puede llegar.

La sociedad es objeto de reflexión en distintos apratados. Se trata sobre nuestro modo de vivir, el tiempo que nos domina, la funcionalidad de las obras, la escuela, el mercado que nos absorbe, el arte que se pone al servicio de la política, etc., siempre con una visión muy personal que nos invita a ver más allá de la simple cotidianidad.

La segunda parte del libro se centra en las sillas y las metáforas que hay a su alrededor. Estos objetos sedentes, tal como los nombra el autor, le llevan a reflexiones acerca del proceso artístico y del diseño. Daniel Yacubovich se pregunta si los lugares y los objetos los tenemos que ocupar o los tenemos que crear. Precisamente la creación es lo que hacía la diseñadora Ray Kaizer Eames. *Adaptación a Utopía* está dedicado precisamente a ella, que más que hacer arte, lo vivía.

Gemma Gómez
Coordinadora docente

ADAPTACIÓN A UTOPÍA

INTRODUCCIÓN

Las ideas expuestas en el presente libro tienen como objetivo orientar hacia una mejor comprensión del fenómeno dinámico que denominamos creatividad. La creatividad de los seres humanos se manifiesta en las interacciones cotidianas, en la historia, en los lenguajes y en los distintos grados de organización que han ido adquiriendo conceptos y formas diversos creados por los hombres. Los grados de organización de las representaciones creativas que experimentamos contrastan con el mundo de presentaciones que nos han rodeado cotidianamente.

Para poder explicar qué entiendo por presentación y representación cogeré de ejemplo un castillo. Un castillo medieval, que aquí lo considero como una presentación, tiene una función defensiva y otra de vivienda. En cambio, un "castillo" humano construido por *castellers* sería una representación simbólica de un castillo medieval, pero también de muchas otras simbologías. En la interacción de estas torres humanas se recrea una tensión estructural y una masa envolvente arquitectónica que actúa fundamentalmente sobre el imaginario que tenemos de una sociedad fuerte, flexible y constructiva. En estas proyecciones imaginarias, en el pasado y en la actualidad lo que de monolítico, jerárquico y cerrado nos presenta el pasado feudal, da lugar a una representación dinámica con un potencial de abstracción y de comunicación pública y participativa.

En este sentido, la creatividad parece un fenómeno de la imaginación que pivota entre dos dimensiones de nuestra percepción que se acaban fusionando aunque sea mentalmente de forma plástica. Aquí las denomino presentación, por una parte, con el ejemplo de la arquitectura defensiva de piedra y, por otra parte, representación, mediante el ejemplo de una coreografía acerca del poder de construcción dinámica y consolidación de una sociedad. Entre estas dos dimensiones de presentación y representación se ejerce y se forma la creatividad y, según mi criterio, también la libertad de pensamiento y de expresión.

Las personas solemos representarnos el mundo antes de expresarlo y comunicarlo a los demás, el modo cómo el individuo percibe, experimenta e interpreta el mundo hacia sí mismo es el primer experimento del proceso creativo. Nuestro entorno de personas, paisajes y objetos cambian constantemente y nosotros como espectadores podemos permanecer físicamente quietos en un punto. Sin embargo nuestra percepción nunca permanece en el mismo punto, procesa los cambios con incertidumbre según las dudas, la existencia experimentada, la identidad, el género, la edad, etc. En este sentido la experiencia perceptiva es una suerte de utopía, un no lugar, que nos estimula a volver a hallarnos y reconocernos constantemente a nosotros mismos, a dar respuestas a las preguntas que nos formulamos y al mundo que se transforma.

Las transformaciones, sin embargo, van muy ligadas al lenguaje cotidiano, el cual frecuentemente opera como un ancla que tiende a fijar certezas. Por contra, hay elementos materiales espaciales que son a la vez lingüísticos –lugar, paisaje, espacio– que se confunden en el discurso conceptual y como consecuencia de ello, también en los discursos gráficos visuales. Los estudiantes de arte y diseño pierden instrumentos valiosos por medio de los cuales analizar bien la sintaxis del lenguaje de la representación visual, incurriendo en articulaciones confusas y a destiempo que generan ruidos en la comunicación.

Con el objetivo de esclarecer y exponer procesos de creación en los cuales la experiencia cotidiana y el lenguaje de representaciones simbólicas y utilitarias se ven articulados, escogí partir, por un lado, desde una semántica y objetos denominados artísticos y, por otro, de objetos destinados a ser diseños utilitarios. Los veremos en la segunda parte del libro. He elegido como exponente principal de esta interacción a la artista plástica y diseñadora Ray Kaizer Eames. En primer lugar debido a su formación inicial como artista plástica y en segundo lugar por su trayectoria posterior enormemente productiva y creativa, que acabó convergiendo en el diseño utilitario para el ámbito del mobiliario. A través de su ejemplo de proceso creativo, sugiero contemplar con una mayor atención el factor de la creatividad, en favor de una formación para nuestro tiempo.

Estos textos de parajes asociativos y reflexivos diversos tienen como objetivo conducir al lector hacia una búsqueda de sus propias articulaciones y cuestionamientos. Los planteamientos expuestos aquí convergen finalmente con una serie de procesos plásticos y creativos cuyos resultados finales son objetos sedentes, es decir que cumplen la función de asiento aunque, desde otro punto de vista, también la función de Lugar. A partir de esta dialéctica Objeto/Lugar, y su sentido social, material, jerárquico, sus autores y procesos creativos, concluyo este libro con una exploración en el marco de tres espacios distintos: el espacio euclidiano arquitectónico, el geográfico cultural y el espacio virtual.

La enseñanza artística hace posible que el ser humano pueda desarrollar mejor cualquier sistema de aprendizaje. Esta enseñanza debería operar no en el modo tradicional, sino a modo de metadiscurso entre el conocimiento intelectual, crítico racional, y lo irracional y sensual, en forma de creatividad que no es ni más ni menos que libertad de pensamiento y de expresión.

**PRIMERA PARTE:
ADAPTACIÓN A UTOPÍA**

1. LUGAR-NO LUGAR DE LA CREATIVIDAD

Presentación de ideas básicas

El conjunto del libro se adentrará en las cuestiones de la creatividad, primeramente entendiéndola como un proceso de la percepción que oscila entre "Presentaciones" y "Representaciones". Entiendo el fenómeno de la presentación desde cualquier objeto existente o creado con una (o más de una) función concreta, sin lo que se consideraría una intención de representar otra cosa. Como he ejemplificado en la página anterior con el castillo medieval y los *Castellers*.

Este espacio que hay entre las presentaciones y las representaciones lo procesa la creatividad. Entre la instancia de presentación y la de representación se abre un margen a través del cual nuestros procesos mentales oscilan. Van entre planos de nuestra experiencia (que se relaciona con las presentaciones que hemos conocido y experimentado) y planos de representaciones que expresamos y comunicamos. Las oscilaciones del pensamiento entre estos dos planos fundamentales de nuestra identidad, de nuestros constructos mentales y de nuestros lenguajes simbólicos expresivos son formas creativas.

Picasso decía que el peor enemigo de la creatividad es el sentido común. Los artistas que dedicaron sus vidas a perfeccionar lenguajes personales que posteriormente devinieron universales, debieron luchar insistentemente en el umbral de estos dos planos que tienden a chocar: el plano creativo individual y el del sentido común. El primero sostiene simbólicamente al hombre en su condición existencial como ser, como juez y como dueño de sus representaciones subjetivas y personalidad, igual que una obra única en su género nos fascina porque en nuestra condición íntima individual podemos reconocernos en ella. El segundo, el sentido común, exige al artista ponerse en la misma línea que el resto de la gente para facilitar el proceso de comunicación sus signos deben ser accesibles a las demás personas, no tolera ambigüedad en la identificación.

Para esta tarea también son necesarios todos los instrumentos que el artista posee tradicionalmente para crear lenguajes.

En este libro me interesa centrar parte de estas formas creativas en algunas manifestaciones del ámbito de las artes plásticas y del diseño. El primer objeto que aquí expongo para aproximar al lector a estos procesos creativos es la máscara, un objeto funcional utilitario, pero a la vez simbólico, artístico.

Es un objeto que se conforma en la dualidad entre presentación y representación: en la antigüedad la máscara tenía una función de altavoz, caja de resonancia convexa (sería la presentación) y simultáneamente de expresión artística de un rostro y transformaciones sonoras (representación). Sus formas se tallaban, agujereaban, modelaban con el fin de resonar y simbolizar un sentimiento, como podría ser la tristeza, la expresión de llanto, o de alegría, con una expresión sonriente.

Esta funcionalidad expresada en dos caras, la interior como altavoz, caja de resonancia, y la externa como sonrisa, de alguna forma se "apropiaba" del usuario *persona* o lo determinaba a través de una relación material plástica, pero a la vez lo determinaba en una interacción semántica. Precisamente el origen etimológico de la palabra persona surge de una época sin medios electrónicos y en la cual el actor utilizaba la máscara como un altavoz *per sonare*. El actor debía ser consciente que utilizaba prácticamente un instrumento musical y debía aprender a modular su voz en función del instrumento uno de nuestros legados fundamentales como personas es la comunicación, y somos una suerte de caja de resonancia de ideas y situaciones diversas).

La mascara es un objeto antiguo de diseño y de comunicación del cual no podemos separar las relaciones forma-función, objeto-entorno, sujeto-identidad que varía con un tipo determinado de maderas o cavidades, un texto, un tono de voz y el movimiento del actor en el espacio del escenario. Así, en la antigüedad clásica, como muestra este ejemplo, no existían distinciones tan definidas entre diseño, arte, forma y función. He retrocedido en el tiempo hasta la época de la Grecia clásica porque puede ilustrar los orígenes de la cuestión compleja de la creatividad humana como potencial de organización de las formas desde diferentes discursos más o menos funcionalistas, utilitarios o no utilitarios.

La máscara es un buen ejemplo de presentación y representación en un mismo objeto. Hay otro objeto que muestra bien, a mi criterio, las relaciones ambiguas entre, por una parte, materialidad, función, cultura, y por la otra parte, metáfora, metonimia, espacio topológico de transformaciones extensivas. Se trata de la silla. A menudo a lo largo del libro nombro a las sillas como objetos sedentes, en el sentido de objeto para sentarse, aunque según el Diccionario de la Real Academia Española *sedente* signifique 'que está sentado'. Prefiero esta denominación porque es más amplia, ya que puede incluir cualquier otro objeto que pueda servir para sentarse, como una piedra, una escalera, etc.

La silla es un objeto concreto de diseño que pone de manifiesto las relaciones tradicionales entre presentación y representación. Tiene una función material, estética, pero también simbólica, ya que también es un lugar, pero no sólo físico. Por eso decimos "Este lugar está ocupado" o "Resérvame el lugar", y el célebre dicho "El que se fue a Sevilla, perdió sus silla". Aquí se sustituye el asiento por un lugar, en este caso la ciudad de Sevilla. Al decir estas frases es como si una situación histórica volviera a manifestarse en la dicotomía sedentario / nómada y se manifestara en nuestra relación simbólica y física con el objeto.

Un objeto sedente también tiene otra función que se relaciona con una jerarquía dentro de la sociedad. El lugar donde nos sentamos muestra la posición que tenemos. Esto se ve claramente si pensamos en un trono, que sólo puede ser ocupado por un rey (esta idea la desarrollaré en el apartado siguiente). Estas jerarquías son lugares que no existían pero que entran en nuestro mundo cotidiano, son representaciones que otorgamos a los objetos sedentes. Al igual que ante el ejemplo de la máscara, el ejemplo de la silla expone la fuerza de las dicotomías. En este caso, la dicotomía radica entre una presentación con unas funciones y unos materiales concretos y una representación, que es un lugar simbólico, un reconocimiento.

En los objetos sedentes que enseño en el apartado *¿Ocupar o crear lugares y objetos?* de la segunda parte me interesan las dinámicas contradictorias generadas en un mismo lugar y la forma en que estas contradicciones pueden expresar entre, por ejemplo, lo asentado y lo nómada, el lugar individual y el público, el suelo y el taburete plegable, la jerarquía del superior y el inferior, el vacío imaginario del objeto denunciando la ausencia del sujeto o del usuario, del dueño o propietario del objeto.

Los discursos que manifiesta la historia de la ciencia, por un lado, y los del arte, por otro, tradicionalmente nos enseñan que se puede vivir y ser curiosos sin confundir y por lo tanto sucumbir al proceso de la representación. La jerarquización de lugares, objetos, funciones, etc., puede ser natural o cultural, aunque la ciencia y el arte nos muestran de qué modo crítico contemplar estos fenómenos y su valoración, especialmente en el caso de ser creadas por nosotros mismos. Y de eso también trata la racionalidad.

Velázquez, Goya, Picasso, por nombrar tres artistas españoles cuya creatividad se transformó en lenguaje y contestación, son tres ejemplos de una forma de articular la grieta profunda, para muchas personas, demasiado profunda e insalvable, entre los sistemas de presentación y representación. Para estos tres artistas, entre otros grandes creadores, su obra resultó también un trabajo pedagógico en donde podemos rastrear de forma metódica las articulaciones o puentes entre presentación y representación. En Velázquez, se hace a partir de su modo de abordar el metalenguaje en la pintura, en Goya, en su modo de conceptuar la realidad política en sus obras, y en Picasso, en su modo de deconstruir la fidelidad al referente en grados de iconicidad que se asocian con la abstracción de procesos conceptuales analíticos.

2. UTOPÍA

Utopía es una palabra de origen griego. La forman el prefijo *u-*, que significa 'no', y la raíz *topos*, 'lugar'. La utopía, por lo tanto, es aquello que no tiene lugar. Pero siguiendo la formulación de Thomas Moore del término *utopía* entendemos que es una dimensión que nuestra conciencia alberga sobre algo que no tiene especificidad en el tiempo ni en el espacio. Si no es un lugar concreto, sin duda es un no lugar, que adquiere sentido al ser pensado. Además, otra connotación que tiene la palabra *utopía* es la de representar el mejor de los lugares.

Este pensamiento alberga una situación espacial absurda, algo de futuro con vaga promesa y a la vez algún destino. Nos sitúa en un entorno ausente, pero a fuerza de consensuarse históricamente, convivimos con esta ausencia que nos brinda servicios imaginarios. Otra dimensión similar la ocupa el destino. Algunas personas son capaces de asegurar que "todo está escrito" aunque, afortunadamente, esta cuestión siempre se constata post factum.

Más adelante, en el apartado *Destinos varios*, veremos que etimológicamente la palabra "design, diseño" alberga un significado de destino. Éste y *utopía* son de una misma especie, que es imaginable pero no material. Tenemos suficiente inteligencia para crear símbolos, pero no tenemos la suficiente para reconocer que nos esclavizan ni para liberarnos de ellos. Al igual que en la historia del Gólem de Praga[1], los símbolos nos cautivan y fascinan, no debido a su forma, sino a su capacidad de avasallarnos o hacernos superar nuestra proyección individual original y conectarnos con otras personas.

---

1. El Gólem de Praga es una leyenda de un muñeco de barro que un rabino creó para defender el barrio judío. El muñeco tuvo vida cuando el rabino le escribió emet ('verdad' en hebreo) en la frente. Pero el Gólem se volvió peligroso y empezó a matar gente. Entonces el rabino borró la primera letra de la palabra y quedó met, que en hebreo es muerte, y el Gólem volvió a quedar inerte.
La leyenda del Gólem de Praga sirvió de inspiración a Mary Shelley para crear el personaje de Frankenstein.

En cierto sentido también nos seducen con su cualidad de despedir a sus propietarios originales (los fabricantes) y entregarse a múltiples destinatarios (los consumidores). En el siglo XX la publicidad trabajó intensamente, pero no para convencernos de la parte de realidad que contenía un producto, sino de su parte de utopía.

Cada vez menos público está dispuesto a dejarse seducir y son necesarios nuevos abordajes para conseguir la atención del usuario. No significa que el público no desee ser seducido, pero ya se ha cansado del spot. Ahora son necesarias historias que fluyan a modo de *preformance* junto a la vida misma; así, lo que se adquiere será visto como un rol identificador en una prueba para ser admitido en una familia, institución, grupo, etc. El abordaje actual de los medios de comunicación nos hace entender sutilmente que es bueno que adoptemos los productos que surgen al mercado, es casi un deber ético para con el sostenimiento de la economía productiva y los puestos de trabajo. Al igual que niños huérfanos diseminados por el mundo, la saturación de productos y la estabilidad de la economía ya no se verán respondidas únicamente con una compra, sino mediante un sentimiento de adopción que le procuraremos al producto. Al igual que el sistema de ventas considera que debe adjuntar un hilo musical para integrarnos mejor al producto, nosotros debemos adjuntar alguna característica de padre adoptivo hacia el producto echado a su suerte. Enternece pensar en esta responsabilidad social que vamos adquiriendo con el champú, el pan, el dentífrico, las impresoras. ¡Pobres huérfanos de Adam Smith!

El individuo contemporáneo se muda desde su casa a la calle. La ciudad es una utopía idealizada que marca, de forma organizada, las carencias de poder ser uno mismo en vez de ser un consumidor. La creatividad es un hilo de Ariadna: poder salir del laberinto de mudas reside también en una intuición tradicionalmente asociada a la feminidad y a los artistas. Este lugar evasivo y fugaz es el circuito de realidades experimentadas interrumpidamente entre el ámbito de la presentación y el de la representación. Hoy en día las ciudades son las mayores representaciones a modo de escenografías del sistema social, nos enseñan cotidianamente nuestros mejores logros y nuestros peores fracasos. La ciudad es un lugar didáctico.

Estas ideas las podemos aplicar en la enseñanza (tema que centra el apartado *Cherchez l'école!*). A partir de estas nociones urbanas y psicológicas podríamos trabajar rítmica y plásticamente las personas y sus necesidades, con elementos sencillos: ventanas, puertas, rejas, reflejos, etc. En general dejamos postergado el abandono del vacío, con la expectativa de poder colmarlo mejor algún día utópico, maravilloso. De esta forma alimentamos y recreamos el mito más cotidiano: el futuro.

Función del tiempo, tiempo de la función

La palabra funcional o funcionalidad acaparó los discursos en torno al diseño durante gran parte de la segunda mitad del siglo XX[2]. Al igual que el hombre se adaptó al mundo de forma evolutiva, también se empeñó en adaptar sistemáticamente los materiales. A estos materiales en el tiempo se les dieron distintas formas según su uso, formas que son resonancias de necesidades, deseos y hábitos humanos. Además, los objetos actuales son un eco también de los entornos y los recursos primarios que fueron instrumentalizados, formulando una noción de futuro a través de esta instrumentalización. En definitiva, son representaciones aunque no nos damos cuenta y las interpretamos como fenómenos de presentaciones.

Una diferencia entre material y objeto es que el material no tiene una función concreta, mientras que el objeto es ya una conclusión de un proceso y se identifica con una función.

---

2. La funcionalidad está presente en todo lo que nos interesa. Aun así, lo más funcional se me antoja la curiosidad, que se despierta desde una potente intuición que tenemos o nos hacemos del espacio-tiempo. Hoy día podemos decidir que lo más actual no es necesariamente lo más funcional o especialmente más conveniente y a partir de éste punto frecuentemente se puede llegar a rescatar algo anterior.

Por ejemplo, una piedra se reconoce como tal, sin una función concreta (se le podría atribuir una función para con la curiosidad y la investigación, aunque esta función de estímulo o de potencial para ser estudiado lo tiene cualquier objeto). Sin embargo, el momento que uno se sienta en ella le atribuye una función sedente. Incluso como objeto sedente puede llegar a convertirse en un trono, después de haberle vaciado la masa y haberle descubierto la cavidad. Entre la piedra y el trono, pues, se desarrolla un pasaje, de modo que la piedra es el material y el trono, el objeto.

En cierto momento el pasaje que da identidad conceptual al material concluye en la definición del objeto no como piedra, sino como trono íbero de piedra, y su nueva función y presencia también nos transforma (históricamente, simbólicamente) en súbditos más reverentes. Esta reverencia es parte de una transformación de nuestro potencial creativo destinado, o mejor dicho desviado, hacia un poder.

La Dama de Baza, siglo IV a. C.

Anteriormente nos encontrábamos en nuestro camino una piedra grande entre miles, nos sentábamos sobre ella para descansar o nos encaramábamos a ella para divisar la distancia. Este elemento material común contenía, como muchos otros, el potencial de convertirse en símbolo de una jerarquía superior. Este potencial se fundamentaba principalmente sobre nuestra capacidad creativa de representar una experiencia anterior (conocida) en otra nueva (hasta entonces desconocida), pero que a la vez se le reconocía la anterior. En cierto sentido (y en relación con lo desarrollado hasta aquí partiendo de la máscara, el trono, el asiento / lugar, etc.) los objetos materiales también nos integran y transforman evolutivamente y culturalmente. Sus componentes materiales, formales, simbólicos, nos condicionan intelectualmente y emocionalmente y, según la duración del efecto de este condicionante, los reflejamos o nos transformamos en parte extensiva de ellos. Por lo tanto, cualquier futuro conlleva utilitarismo y el utilitarismo es una forma de futuro y de creatividad posible, que se manifiesta en los objetos que combinan el aspecto sensorial y el intelectual de la persona. El balance de esta integración depende de las circunstancias y de las condiciones de vida que nos hayan rodeado.

Otro aspecto del tema es nuestra limitación tecnológica. Este hecho lo ilustra el desarrollo de los telescopios. A medida que estos nos permiten ver más lejos en el universo, las preguntas que nos hacemos dependen a la vez de respuestas que requieren un mayor lenguaje matemático y así constantemente vamos siendo llevados a condiciones existenciales y escalares distintas. Por otra parte, emerge una duda, ¿qué grado de identificación existe entre el objeto presente y lo que representa? Un objeto como la máscara nos mediatiza no en el momento que nos presentamos las cosas, sino cuando nos expresamos en un teatro. En el momento que deseamos comunicar, el objeto es aquí a modo de altavoz y cable, la tecnología que condiciona la coreografía.

Si contemplamos por un instante nuestro tiempo presente (como si este fuera un futuro intermedio en la historia que nos ha tocado estudiar hasta hoy) podemos ver hasta qué punto la experiencia cotidiana y recurrente ha producido una metamorfosis expresiva en los objetos. En cambio, a nosotros, los sujetos, la propia experiencia vital nos conduce hacia lenguajes como la geometría, la poesía, la danza, la interpretación teatral, el mundo virtual, entre otros.

Tendemos a hacer de los objetos una extensión natural de nuestro físico y a la vez los convertimos en un fin en sí mismos. El hecho que un chimpancé utilice una rama rota para bajar de un golpe una fruta a la cual no llegaba con el brazo, nos muestra una relación directa entre cerebro y entorno vital, intuición y creatividad para la supervivencia. En este punto nacen las proyecciones, el lenguaje y las representaciones extensionales más allá de nuestro físico.

Actualmente no tenemos bastante con una ramita para llegar a la fruta que elegimos, sino que nuestro deseo y nuestra voluntad están enmarañados en un mundo de intermediarios, productos y consumo efímero que nos hacen desear siempre más objetos. Para conseguir nuestros objetivos hoy necesitamos, según el entorno en que vivamos, numerosos objetos, lenguajes (ramitas como la del chimpancé) para en realidad lograr el mismo fruto que en el campo ya cae solo a nuestras manos. Del mismo modo ya no conseguimos hacer que se oiga nuestra voz, ya no nos basta con una máscara/ altavoz para poder repercutir con nuestras ideas en la sociedad, sino que nuestra voz se disuelve en el ruido de las intermediaciones.

Hay un cierto fundamentalismo tecnológico que puede deslumbrar con su poder. Un escalador o un submarinista requieren de equipos de alto rendimiento para sus actividades; sin embargo, el fin último de su acción es en un caso contemplar las alturas y en el otro contemplar los abismos y no necesariamente contemplar su indumentaria (para ello existe la moda), sus cuerdas o el balón de oxígeno. Si somos escaladores que sólo nos preocupamos por nuestra indumentaria nos perderemos en representaciones y olvidaremos las presentaciones que en realidad son nuestro fin.

Con este ejemplo intento expresar que la tecnología no es ninguna novedad, siempre ha acompañado al ser humano en una exploración esencial para lograr adquirir mayor y mejor conocimiento de uno mismo y del mundo y transmitirlo. Las tecnologías son resultado de la creatividad científica, pero no nos garantizan nuestra propia creatividad. Este hecho nos confunde porque no nos deja ver que nuestra supervivencia no depende de la tecnología, sino de nuestra inventiva.

Los recursos y nuestra mente marchan a destiempo, más que en otras épocas[3]. Una política de (des)cultura y comunicación general vienen a sustituir o a enmascarar aquellos discursos ricos que tienen el poder de integrar nuestra persona como totalidad. La expresión individual funcional y creativa, la que ha manifestado potenciales físicos e intelectuales del hombre, no se coge en su totalidad, sino que ya en la antigüedad se repartió entre la religión, las ciencias, el arte y la política. Es decir, el hombre debió repartir sus actuaciones en relación a funciones consideradas "superiores". Esta división aparentemente muestra que un individuo no puede abarcar demasiadas dimensiones. En la actualidad el individuo se reparte entre otras dimensiones algo distintas, mayoritariamente entre tecnologías, mercado, entretenimiento, publicidad, política.

Hace tiempo que los discursos y los recursos se van distanciando de nuestras vidas y se trasladan hacia los objetos que utilizamos. Por consiguiente estamos menos integrados en el mundo y vivimos más en sus representaciones. Me temo que hemos llegado a un punto en el cual los responsables del sistema educativo deberían considerar la formación para la creatividad como educación especial, teniendo en cuenta de qué modo nuestros brazos quedan durante horas y más horas fláccidamente extendidos sacudiendo las teclas del ordenador.

Se forma al individuo para que responda fundamentalmente como pieza de un engranaje global, cuyos valores siempre se desplazan hacia alguna nueva versión de un "más allá" (como pone de manifiesto la teoría de lo inmanente de Espinosa). Esta dinámica lleva en parte a la supresión de una contemplación humana profunda de uno mismo y con ello de los procesos creativos propios.

---

3. Aunque hoy día estemos rodeados de objetos, afortunadamente aún estamos ligados a los materiales como la piedra. Es decir, estamos ligados a los recursos primarios, a la tierra, al agua, al aire, la madera, el petróleo, aunque el uso y consumo que de ellos hacemos no es racional.

Estos procesos creativos se expresan a través de la fragmentación de las capacidades y de las cualidades que tienen la característica creativa de fluir (siempre con el fin de lograr un ser humano más feliz, realizado y solidario), si se desarrollan correctamente.

En la actualidad, que los individuos estamos a la merced de los objetos, desde diversas disciplinas la manera de proyectar es capaz de determinar incluso la funcionalidad de los sujetos. Nos encontramos frente a un sistema de proyectación que presenta una forma de organización del conocimiento nueva, que depende de las matemáticas y la geometría y de una capacidad de planificar a partir de efectos predecibles y sistemáticos. Ya en la etimología de la palabra proyecto (*pro* – futuro; *yecto* – arrojar) se manifiesta una visión del trabajo como sistema que liga el futuro con las acciones presentes y con ello se manifiesta una especie de conciencia de la historia.

El prefijo *pro-* del antiguo griego significa avanzarse, asume una previsión de un elemento que parece arrojarse desde el presente. En la política deberían tenerse más en cuenta los conceptos que empiezan con *pro-*. La superación de las crisis, especialmente, requiere pro-yectación, aunque también presupuestos que acompañen una estructura social más justa, desde instancias que se fíen y colaboren en estos pro-yectos con políticas pro-bono[4] pacientes.

En el plano de la responsabilidad social, otro requerimiento para superar las crisis es la paciencia. La paciencia es otra dimensión interesante para analizar. A diferencia de Utopía, es una dimensión en la que el tiempo es muy importante. Es una actitud que trata de depurar el tiempo como si éste fuera una materia, la materia de la espera. La paciencia también es fundamental en la creación. Como todo lo humano que actualmente se observa desde las ciencias de la evolución, incluso podría llegar a descubrirse como una aptitud genética y no una actitud racional. Los sistemas económicos, productivos, culturales, espirituales, etc., de alguna forma rigen una especie de funcionalidad y adaptabilidad óptima

---

4. Una política pro-bono es aquella que se paga por adelantado porque se confía en el trabajo del otro.

del sujeto. Por ejemplo, el tatami en Japón regía la disposición espacial de los sujetos, la cual determinaba los usos ceremoniales, así como los usos cotidianos seculares de esta forma también se determinaba la economía constructiva. En definitiva, se organiza una parte importante de la vida de las personas de forma integral a través del diseño, la arquitectura, etc.

¿De dónde procede esta aspiración? La metodología de proyectación al servicio de la arquitectura surgió en el Renacimiento, a través de la matemática, la geometría y el dibujo en perspectiva. Posteriormente el dibujo o plano se trasladó a un modelo en forma de maqueta material tridimensional y a escala. En el siglo XIX la ingeniería potenció e integró la proyectación, el diseño, la producción y la manufactura a escala masiva y en serie. Así pues, la proyectación se entendió dentro de un conjunto de herramientas formales del razonamiento, producto del aprendizaje y la educación. Había una convicción que las formas de proyectación, comenzando por el arte y continuando por el diseño en la modernidad, habían funcionado a modo de eje en la búsqueda de una racionalidad universal[5].

Mitos y consumo

Los niños pueden parecernos exentos de una malicia premeditada, no están realmente exentos de malicia pero a diferencia de los adultos no se "cortan" en su espontaneidad. Los adultos tienden a ver esta espontaneidad infantil no reprimida como una forma de libertad perdida, en cierta medida mitológica. Con el advenimiento de la industrialización surgieron dentro del movimiento romántico respuestas que se asemejaban a la búsqueda de los paraísos perdidos, por ejemplo William Morris y el movimiento Arts & Crafts.

---

5. En épocas de crisis social y económica extremas, esta producción se ve frecuentemente desbordada con alguna guerra y su consiguiente producción inflacionaria –buscamos apologías para justificar guerras por razones económicas o culturales o las razones que sean, pero la guerra representa la muerte, la destrucción y un fracaso para la creatividad humana.

En la modernidad, debido a la sistematización del ocio, del deseo y de las necesidades, éstas últimas van adquiriendo un reflejo característico: se manifiesta una neurosis en un silencioso, aunque visible, temor a que todo se desintegre. Tememos la pérdida de libertad, de trabajo, de salud, de tiempo. Se dice que el miedo no es tonto, pero tampoco es creativo.

Las tecnologías, como en todos los tiempos, continúan siendo herramientas poderosas y necesarias. Resuelven importantes problemáticas de velocidad de cálculo, de clasificación de cantidades ingentes de datos y de transformación y comunicación de los mismos. Siendo tan poderosas se erigen como fines y no únicamente como medios, de modo que frecuentemente se impone la herramienta en sí a aquello que consigue crear. La tecnología nos seduce, nos transforma y sus propios elementos acaban conformando nuestros deseos.

Una realidad o un sistema establecidos colisionan en general con sus propias representaciones y se desbordan, lo cual se refleja también en las relaciones que hay entre individuo y régimen político. Los regímenes políticos juegan con la percepción de los individuos. Tienden a relativizar las percepciones de la gente y les parasitan mediante representaciones simbólicas, siguiendo la conocida fórmula primaria del pan y circo. ¿Y el fin? Muchas veces es el de perpetuar la permanencia de un sistema político obsoleto a través de esta oferta de representaciones sofisticadas y seductoras.

Los fenómenos de masificación urbana, con sus mecanismos de oferta y demanda, continúan siendo la razón de ser de la producción, el consumo y los flujos de capital. Estos fenómenos se desbordan cíclicamente. Actualmente continúan existiendo relaciones entre ciencia, proyecto, tecnologías, que se pueden asociar al poder político, económico, espiritual y que continúan aspirando a controlar, o incluso monopolizar, los emprendimientos creativos. Si estos poderes estuvieran repartidos y compartidos por una mayor cantidad de individuos a modo de accionistas en una empresa, no seríamos víctimas de crisis frecuentes (como la actual) dentro de los sistemas productivos. Aunque constantemente vivimos procesos que socialmente tienden a desbordarse, al mismo tiempo hay otros que se proyectan y aparentemente tienden a contenerse.

Esta apariencia esconde una lucha encarnizada que libramos sobre nuestro cuerpo y nuestra mente en la actualidad. Consiste en lograr el control sobre el tiempo en nuestra propia vida. En esta lucha es dónde confundimos como nunca la dimensión espacio-temporal. Por eso el arte actual está ocupado en representar de forma extensional, es decir a través del tiempo de la acción, la performance, las relaciones, la instalación, el Art in Progress, el artivismo, los procesos tecnológicos, etc. Esto manifiesta que el tiempo de los sistemas de representación tradicional se ha comprimido y nuestra mente necesita desesperadamente llenar los espacios tradicionales de comunicación en función de nuevas constantes, que hoy día son los circuitos, y especialmente a través de las redes sociales. El fenómeno del Story Telling[6], una estrategia de comunicación y seducción a través de mensajes de carácter mitológico, lírico, etc. para lograr mejores ventas, se usa (y abusa) en la publicidad y entre los medios de comunicación. Es una de las formas que apela a este deseo o fantasía de ser dueños de nuestro tiempo o de ganarlo, de comprarlo o de venderlo, de llenarlo y, hoy más que nunca, telecruzarlo, mientras escuchamos historias distraídas.

A principios del siglo XX, y desde una modalidad morfológica, el fenómeno fotográfico consolidó aún más el cuestionamiento teórico-filosófico acerca de la dicotomía: *original / reproducción*. En este punto, empezaron a deconstruirse el objeto y el sujeto, lo cual llevó a cuestionarse a nivel teórico su trascendencia. Grandes corporaciones a mediados del siglo XX proyectaron estrategias de consumo, como el rediseño de calidades perdurables, en calidades menos perdurables. Es decir, en vez de continuar en una línea positivista fundamentada en un progreso que busca la

---

6. *Storytelling. La máquina de fabricar historias y formatear las mentes.* De Christian Salmon. Ediciones Península.

mejora del producto en función de su resistencia, duración, etc., se volvió atrás en busca y programación de una serie de puntos débiles que hicieran que el producto o el sistema se estropease o rompiese con frecuencia y hubiese que cambiarlo mucho antes de la fecha que auguraba su potencial descubierto con anterioridad. Es como si ahora que descubrimos que podemos vivir muy bien hasta los 120 años, el sistema considerara esto como una amenaza económica social y se nos condujera de alguna forma estratégica a la reducción de nuestro potencial de longevidad. Un ejemplo de esto es la denominada obsolescencia programada (que veremos a continuación), estrategia aplicada también en la actualidad.

Enter®ados

Estar enterado es estar informado de lo que se transmite por los grandes medios, es decir, conocer la información que consumen las masas de audiencia. La información que el buen o mal periodista tiene de primera mano, a nosotros nos la transmite de segunda mano y es difícil que logremos analizar los hechos o sucesos lejanos con nuestros propios medios. Por lo tanto, estar enterados no es lo mismo que estar informados, se me ocurre que es más bien estar enter®ados...

En la situación altamente preocupante y especulativa de los mercados, los parámetros de calidad de una solución proyectual asumen también carácter y mecanismos especulativos. Así, la mejor solución convenientemente por razones de carácter especulativo reemplaza a otra. Para lograr que esta situación se active comercialmente no es suficiente ser bueno en lo que se produce, sino que hay que hacerlo sujeto a unas complicidades. Si éstas no proceden necesariamente de una dimensión ecológica, justa, o de calidad óptima, por lo menos proceden desde un mito, como puede ser una celebridad.

Una parte demasiado grande de la sociedad se hace cómplice de un sistema de aceptaciones y se coloca a modo de antihéroe forzado por los elementos, el gasto. En vez de analizar la situación se crea un lenguaje eufemístico, que en realidad consiste en resignaciones poéticas. Con el objetivo de lograr sobrellevar esta condición, el mercado se reviste de bandas sonoras que vienen a acompañar al individuo, mientras cabalga hacia la puesta de sol, la compra.

A la misma masa social parece resultarle reconfortante que los discursos sean de carácter tibio. Se vuelve a repetir apariencias en las cuales reconocerse, acudir a los mismos espejos, a los mismos programas, mediante los cuales en vez de información se adhiere una y otra capa de polvo gris con el fin de mantenerse enter®ados de todo. Esto me recuerda la etapa en la cual los niños pequeños piden escuchar muchas veces repetidamente el mismo cuento y luego pueden aparentar que saben leer, aunque no sepan. Cuando el adulto comienza, ellos siguen y reproducen el texto escrito de memoria. Siguiendo este ejemplo, en la sociedad, el rol del adulto responsable lo asumiría el mercado, el libro sería el producto reproducido indefinidamente y el comprador sería el pequeño lector.

En la formación de un diseñador debería tenerse en cuenta este proceso especulativo dinámico en el cual se ven implicadas instituciones tanto estatales como privadas, que son muchas veces los contratistas de proyectos importantes. En las condiciones actuales del mercado productivo podemos formular asignaturas nuevas, como por ejemplo, Creatividad Analítica o Creatividad Sintética, Crítica automatizada y Crítica aplicada.

En la época del Renacimiento los contratos de los artistas incorporaban cláusulas que remarcaban aspectos como por ejemplo, "Gracia" o "Velocidad en la ejecución" o "Calidades de pigmento"[7]. El arte pictórico cuenta con muchos siglos de tradición de oficio, academia, caballete, paisaje, retrato, bodegón, etc., y una potente tradición de encargos funcionalmente adecuados para su época, al igual que los encargos para diseñar hoy. Desde la antigua letra pequeña en los contratos del Renacimiento, hoy el arte ha entrado en una especulación salvaje, con apellidos y

---

7. Ver Baxandall, Michael (2000). *Pintura y Vida cotidiana en el Renacimiento*. Barcelona: Ed. Gustavo Gili.

obras de celebridades que el proceso especulativo fija en forma de iconos para la economía, más que para una experiencia del conocimiento humano[8].

La especulación con el arte es como cualquier otra: se adquieren obras en períodos de vacas flacas para luego venderlos cuando suban de precio. Se dosifica el arte a precios que nada tienen que ver con la función intrínseca de un mensaje social, contestatario o de una armonía estética. En vez de irse creando, se van criando nuevas obras de arte mutantes desconocidas hasta la actualidad, alimentadas con residuos y marcadas con una señal que únicamente saben reconocer los que se ocupan de rematarlas. El resto de lo producido afortunadamente es fruto de un trabajo profundo y original, pero no entra en esta cadena. En vez de cuadros, esculturas, creaciones multimedia, pasan a ser lingotes de arte que se van almacenando lejos de cualquier experiencia estética y van consolidando valores con la suficiente capacidad de supervivencia financiera a modo de fondos de inversión. Nos encontramos con la creatividad Ltd.

---

8. Ben Lewis TV (2009) "La burbuja del arte contemporáneo".

3. CREATIVIDAD LTD.

La creatividad tiene un valor cada vez más escaso en los sistemas de educación escolares, lo cual es un reflejo de la situación en el resto de la sociedad. Es un precio que hay que pagar en un sistema en camino de un progreso selectivo cuyas premisas de consumo y gestión consideran el producto y el dinero como fin y a la persona como residuo de tal fin.

Asimismo, en el mercado continuamente nos encontramos frente a situaciones que podríamos calificar de bipolares: vemos empresas que requieren "personas creativas", pero por otro lado estas personas expresan frecuentemente su inquietud diciendo que "en algún momento desearía encontrar la forma de decir algo propio". Son dos caras de una misma creatividad, una retribuida económicamente y la otra, no. Ésta última no pierde valor, pero dejará de tener un precio.

El sistema de mercado ha aprendido a transformar nuestros compuestos químicos, como la adrenalina, en dinero. En el mercado se infra o hiper valora la creatividad, marcando su valor según el precio que, por su inclusión como servicio, pueda llegar a pagarse. La responsabilidad no es solamente fruto de la dinámica del mercado, sino también de aquellos que nos ocupamos de la formación, ya que vemos como los territorios de la creatividad son invadidos y no actuamos para corregirlo.

Con la revolución industrial, la reproducción y distribución en serie de productos cambiaron las formas y los ritmos de vida de la gente hacia una masificación utilitaria. Con estos sistemas productivos las empresas tuvieron la necesidad de incluir diseños efímeros, e incluso lograron que la gente los aceptara dentro de su escala de valores. Ésta ha sido una de las formas más contemporáneas de lo que denomino creatividad Ltd. (limitada), ya que por primera vez los diseñadores e ingenieros tuvieron que poner su creatividad al servicio de intereses comerciales centrados en la caducidad de los productos. Mediante estas estrategias se condicionaron los tiempos de durabilidad de ciertos productos. Estas estrategias marcaron rupturas en la noción tradicional que teníamos de la trascendencia, aunque fuera ingenua, de que las cosas podrían durar debido a su calidad. Con ello llegó un empujón más que nos dio la historia del progreso, acompañada de su fantasma del susto, es decir, la forma en que nos vemos cada vez más disociados, por una parte, y esclavizados, por otra, a los medios de producción, hasta nuestro presente.

Con creatividad Ltd. denomino el hecho de que el propio individuo, formado por ejemplo en el campo del arte y del diseño, es consciente de su función creativa y la prestación de dicha creatividad como servicio o como negocio. De alguna forma esto sucede desde la antigüedad. En el caso, por ejemplo, del diseño de una obsolescencia programada y temprana de un producto (es decir, la búsqueda plenamente consciente de una caducidad temprana de los productos), esta obsolescencia programada llegó a su cima a partir de la segunda mitad del siglo XX. Ocurrió cuando diseñadores e ingenieros creativos debieron volver al tablero de dibujo con el fin de rediseñar productos que fueron menos duraderos. El rediseño significó reducir la resistencia del producto, por ejemplo la duración de tiempo de bombillas, la resistencia de las medias de mujer, de las impresoras, etc[9].

De un modo similar, la acción periodística y la comunicación ya no buscan contar la realidad de un modo "fiel" a los hechos, sino que se han rediseñado con unos valores diferentes del derecho a la información. Los medios de comunicación se están transformando en distracción según una ley de mercado de oferta y demanda, con una responsabilidad social e informativa mínima.

Otra parte de la creatividad Ltd. es el cuestionamiento que el creativo (o el periodista) se hace en un momento determinado de hasta qué punto se involucran o se retiran de los discursos que sean. La persona, por ejemplo el diseñador o el periodista, no

---

9. Podéis ver: http://www.rtve.es/mediateca/videos/20110109/comprar-tirar-comprar/983391.shtml. [Visto el día 8 de julio de 2011]

dejará de ser creativa, pero es probable que, según en qué circunstancias, deba dejar de ser diseñador o periodista.

Los creadores más célebres siempre han ejercido la creatividad fundamentalmente en las obras que han proyectado y no necesariamente para intereses y elementos ajenos a sus propios deseos. La creatividad en estos casos se manifiesta como elemento generador más fluido y masivo, en el cual una persona culmina un proyecto con un producto capaz de comunicar y brindar servicios a gran escala. Uno de los nombres para este fenómeno en el mundo empresarial es el Start Up. El Start Up lo practican ciertas empresas actuales, fundadas en general por jóvenes emprendedores, que ofrecen un producto especializado de potencial de crecimiento grande. En general son ofertas de productos que crean una necesidad y a la vez la satisfacen. La creación de la necesidad requiere un tipo de creatividad, es decir, la inventiva; la segunda creatividad que requiere es una adaptación e innovación para con las dos formas de necesidad, la creada y la existente. El emprendedor debe saber también encontrar al inversor que coincida con su visión, con su discurso y con el estudio del producto. Estos emprendimientos multiplican las posibilidades de generar puestos de trabajo para personas que necesitan participar en el proceso de socialización a través, también, de los procesos de producción.

Cuanto más Start Ups se creen, menos condicionantes de un único foco de mercado centralizado sufriremos. Los productos representan conceptos y necesidades, dinero y más. Todo el campo de estos elementos está en nuestro entorno y, en general, lo reconocemos cuando ya emplea un lenguaje de consenso y no de revolución. Leonardo da Vinci, Benjamin Franklin, Pablo Picasso, Marcel Duchamp, Henry Ford, Bill Gates, Frank Lloyd Wright, Mark Tzuckerberg y muchos otros son revolucionarios porque asumen su proyecto no como un elemento de consenso, sino de contestación individualista. Siempre ha existido una relación, aunque es mucho más limítrofe y extendida en la actualidad, entre mente creativa y revolucionaria, desafío y éxito, riesgo y disfrute.

El discurso del utilitarismo es suspicaz respecto de la creatividad. Sitúa a las artes en un podio, a modo de parque temático o reserva de ocio culto. He apuntado anteriormente que el discurso que relaciona la espiritualidad con el arte no es necesariamente negativo. El arte precede a todas las tecnes y fue la primera manifestación simbólica de comunicación, de allí surgieron los oficios, que dieron lugar a posteriores disciplinas técnicas.

Al perfeccionarse un campo de trabajo se profundiza en otro; más y más derivaciones aparentemente no conectadas acaban volviendo a juntarse siglos después. Resulta algo absurdo que los creativos sean los que intuyen con cierta claridad las conexiones que la historia acaba demostrando entre mundos aparentemente remotos. Considero que esta visión procede del ámbito del deseo en los seres humanos y no necesariamente de su aptitud para ver.

Hoy día, las transformaciones de los productos, sus formas actuales, sus acabados, son realizaciones de la creatividad Ltd. Estas transformaciones nos exponen grados de libertad de organización entre los conceptos y las percepciones de la creatividad individual, por un lado, y los condicionantes de algún concepto, algún poder, algún mercado o algunos intereses ajenos, por el otro. Diría que hasta podríamos atribuir grados de calidad a las limitaciones.

El término creatividad Ltd. que propongo aquí tiene el fin de repensar las escuelas y las empresas como centros que hagan que nos demos cuenta de la dimensión de estos límites del pensamiento utilitario. Debería hacerse en procesos más tempranos, intuitivos y audaces que los que actualmente se marcan. Es decir, no debemos contemplar la creatividad únicamente como algo que está más arriba, sino desde abajo, desde la formación del niño y su capacidad de emprendimiento, otorgándole más seguridad y mejores estímulos.

En el caso del creador de una función o una oferta, por ejemplo el limpiaparabrisas o la red social, los inventores tenían una idea clara de cómo se debía diseñar la solución. Esto se debe a que aquí la necesidad que requiere un servicio se enfoca directamente a un destinatario: el creador de la oferta o solución lo idea siguiendo un reto intuitivo, una preocupación íntima originaria, más que con fines económicos. En cambio, una empresa, los medios de distribución, representación y venta aparecen como un intermediario que a su vez va adquiriendo sus intereses propios. Éstos, a diferencia del autor del concepto o mecanismo, exigen cada vez un mayor compromiso de mayor creatividad Ltd. a sus empleados.

4. ARTE

La relación entre orden simbólico y orden social racional no es nueva. Evoca el concepto de canon artístico y arquitectónico en su sentido secular, funcional, estético e integrador. Mediante el canon, las partes de un monumento o estructura proyectada se adaptaban conjuntamente. Los escultores y arquitectos formularon códigos de proporcionalidad para las formas y sus escalas. Las piezas de una máquina o una escultura podían ensamblarse con perfecta precisión con otras piezas procedentes de diversos talleres, independientemente del lugar de procedencia del diseño original. Aunque esta situación era funcional, continuaba limitada a un mundo que erigía sus formas monumentales desde una convicción religiosa, representada mediante una simbología basada en la metafísica.

Las sociedades de la antigüedad vivían sus creencias irracionales como si estuvieran articuladas físicamente con el mundo real. Entre estas creencias estaba la de la trascendencia de las vidas, que la dimensión religiosa dominaba gracias a una fe incondicional en una dimensión inamovible y eterna. En esta concepción, el mundo es determinista y sus consecuencias también. Lo irracional en esta situación sobrevenía de la mentalidad fundamentalista, que se manifestaba de forma violenta en el momento que esta concepción no se ajustaba a nuevas formas del mundo. La irradiación que los poderes hacían de su desaprobación ante el desajuste repercutía en grupos importantes de la sociedad, que eran ignorantes. Las distinciones de la realidad se fundamentaban únicamente en la oposición de fuerzas del bien y del mal. Éste era el límite de lo legítimo en cualquier ámbito humano.

Con el establecimiento de un canon fundamentado en la ciencia y mediatizado por las bellas artes, los arquitectos, los matemáticos, filósofos, artistas, sentaron las bases para un modo de pensamiento (precartesiano) racional. Aunque inicialmente los cálculos y las investigaciones que dieron lugar a las proporciones y la estética clásica pertenecieron a lenguajes especulativos, los estamentos religiosos y políticos los monopolizaron inmediatamente y los explotaron como medidas simbólicas de persuasión y fortalecimiento mayor de la fe en lo divino.

La trascendencia de la vida significaba un valor para una vida humana proyectada desde el presente hacia el futuro y automáticamente se transformaba en un valor de la vida que trascendía hacia el más allá divino. Se estableció un canon arquitectónico y artístico, con el cual se formuló un modo de pensamiento racional: el cálculo de lo armónico fue una medida de contención de un probable choque entre el mundo real y un supuesto mundo del más allá o de deidades que se manejaban en la vida cotidiana. Esta búsqueda y diseño de articulaciones racionales ha acompañado al ser humano desde sus orígenes, procesando una capacidad de predicción que no estaba basada en la magia, la adivinación o la profecía.

El canon en la arquitectura, la música y la pintura, fue un modelo y sistema de representación matemática y su obtención fue fruto de procesos creativos de carácter científico. Sus creadores fueron ilustrados y creativos, pero contratados y controlados por el poder absoluto, las monarquías, las iglesias, etc. Esta paradoja que articula creatividad y poder absoluto se perpetuó mientras el poder "secuestró" ideológicamente las aptitudes de los creativos en diferentes disciplinas. La generación de un canon manifestado artísticamente fue una especie de aliento generador análogo, a mi criterio, al pensamiento racional dentro de un sistema irracional mayor. En general el canon se trata de una transmisión de valores y su legado para el futuro. Este sistema de transmisión está basado en la ciencia y las necesidades civiles. Se han generado sistemas de predicción científicos que potencian una flecha de tiempo en la cual continuamos instalados y que denominamos progreso. Con el canon se mantiene la forma a partir de los ideales de una armonía matemática, y con ello se intentaba contener los riesgos de la irrupción de lo irracional en lo social.

En la actualidad el mismo sistema y la disciplina del diseño en particular deberían actuar desde una mayor sensibilidad social a través de nuevas formas creativas. Los cánones articulan nuestro conocimiento para armonizarlo racional y éticamente, con el fin de ofrecer mejores recursos para la vida de las personas y especialmente de los sectores menos capacitados.

Sin embargo, no debemos olvidar que la racionalidad no es originaria del hecho de diseñar o proyectar, sino de una función ideológica humana más general a la cual un proyecto brinda su servicio. En la actualidad, la capacidad poderosa para proyectar no es suficiente para contener las ideas irracionales. Y el progreso ya no es un puente de mando suficientemente elevado desde el cual divisar nuestra condición en el planeta que compartimos. La ciencia y la tecnología no son capaces (por lo menos de momento) de brindar respuestas satisfactorias a los requerimientos éticos necesarios para construir una sociedad más justa y dar respuestas a cuestionamientos existenciales del hombre.

En tiempos modernos, aunque también en sociedades sumidas en procesos menos racionales, se ha abarcado una producción modernizada, que incluye una planificación y solución funcional de lo establecido como normativo. Esta normatividad se rebela, en algunos casos, como un brote de demencia colectivo. Si el fenómeno proyectual se refleja históricamente como un eje y factor de conformación y control social, deberíamos estudiarlo desde un aspecto pedagógico crítico, como si fuera un fenómeno sostenible dentro de contextos tanto racionales como irracionales.

En la creación y producción de las formas, podemos rastrear métodos y sistemas para la formación de artistas y diseñadores –también como personas–. En este punto encuentro proximidad entre los modos de formación para el arte y el diseño: los dos proceden de la misma raíz, que nutre al proyecto como eje en el sentido cartesiano, manifestado a través de la estética, la ética, la crítica y la simbología.

Una capacidad creativa universal articula el deseo de representar primero y de expresar y comunicar posteriormente. Entendemos representar en un sentido experimental como proceso de pensamiento silencioso que establecemos permanentemente, y de forma personal, en tanto que individuos ante el mundo. A estos procesos les suceden procesos expresivos gráficos, verbales sonoros, que son medios a través de los cuales comunicar experiencias. Las representaciones se contemplan individualmente desde una actitud interpretativa, aunque también requieren de un lenguaje extensivo común.

Aquí encuentro dos tipos de lenguajes distintos en el mismo individuo. El primero es el propio (el que me "hablo" a mí mismo y mediante el cual me represento el mundo), con ritmo individual personal que se conduce en un tempo que otra persona externa no puede interrumpir. En esta forma de pensamiento se mezclan el pasado, el presente y el futuro, que no son formalmente esenciales para el lenguaje. En cambio, el lenguaje comunicado hacia otras personas se verá fragmentado, interrumpido, silenciado, en un tempo, ritmos e intervalos que lo constituirán como comunicación. Ésta se basa en una gramática que articula, entre otros, la primera y la tercera persona y los tiempos. Por otra parte, el oído selectivo del destinatario completa la comunicación. La educación para la creatividad y las enseñanzas del diseño no toman en cuenta esta diferencia, y la asumen como un hecho obvio.

Estas formas de experiencia y expresión son campos por los cuales se extienden la presentación y la representación como una plástica mental creativa que determina nuestra existencia. La creatividad no es algo que pueda someterse a cuestionamiento, es una forma de intuición a través de la cual podemos reciclar las energías en nuestro tiempo humano: la vida. Si somos creativos, las energías de la vida, y también de nuestro tiempo, serán renovadas. Esta capacidad supera inclusive al progreso.

Otra función del arte es la de la identificación visual de lo propio, el acto de reconocimiento, por ejemplo con símbolos fijados por una sociedad con el fin de consolidar la identidad. El reconocimiento de cualquier fenómeno es un estadio de "familiaridad" con lo experimentado y por lo tanto repercute en la identidad a modo de construcción de certezas tales como "sé mi nombre", "conozco mi pasado", "me ocupo de tal cosa", "somos amigos" y "aprendo algo que me sirva para incidir en esta red de correlaciones". En cambio, en los procesos creativos no necesariamente lo nuevo o emergente puede medirse por su ajuste a la red de correlaciones de mi propia identidad. La dinámica creativa, al contrario, nos fuerza a pasar por un proceso de desfamiliarización, de pérdida, y lo más importante , de reconocimiento de esta pérdida, y nos empuja a una travesía del desierto muy comprimida para emerger con lo no familiarizado, ahora hecho familiar. Este proceso se distancia de una apropiación identitaria automática y abre un margen plástico entre la presentación familiar y la representación más o menos distante de los orígenes de la persona y su red de correlaciones.

El arte ha sido el sistema de representaciones que mayor margen de distancia ha abierto en esta exploración filogénica social y por ello siempre ha funcionado bajo estricto control. Los sistemas de proyectación han sido una forma de ordenar también los márgenes de la exploración creativa con el fin de hacerlos comunicables y funcionales para un gran número de personas, aunque siempre bajo el control de poderes espirituales, políticos y económicos.

Mitos

El antropólogo belga Claude Lévi-Strauss planteó una idea interesante acerca del tiempo en las estructuras de nuestras relaciones con el entorno y las personas: sugería que los mitos son discursos y aspectos de la realidad proyectados por el hombre con el fin de postergar el tiempo. Posiblemente la noción que los hombres se han ido haciendo de sus designios (la cual incluye una función) y de su mortalidad ha marcado también este deseo de postergación, su planificación y su diseño. De esta forma adquirimos una conciencia del tiempo que frecuentemente puede parecer urgirnos.

La vida humana y los mitos están entrelazados. La justicia, la ética, la igualdad de derechos, la trascendencia, para las personas no son mitos ni utopías, sino el resultado extremo de la creatividad. Si una persona no puede ejercer su creatividad, no se sentirá libre y le resultarán ajenos el ejercicio de la justicia, de la ética o el respeto a sus semejantes. Pero aquí me referiré a los mitos desde otro punto de vista, más ligado al consumismo y a los héroes modernos (cantantes, modelos, futbolistas, etc.).

El concepto de creatividad se ha visto asociado a los mitos y éstos esencialmente al tiempo y la sensualidad. El logos o la razón frecuentemente representan la dimensión de realidad que obliga a renunciar a lo sensual y al mito. En nuestra sociedad esta dualidad, sensualidad y razón, es un dilema artificial. Intenta forzarnos a permanecer en una constante elección de uno de los aspectos como si fueran dos formas opuestas de percibir el mundo: el del hombre concienzudo y responsable frente al artista loquito, al poeta maldito, al bello salvaje. En este contexto cualquier pretexto sirve como soporte para modelos de éxito que sustituyan a héroes y hombres virtuosos del pasado o la mitología.

En nuestras sociedades actuales las celebridades mediáticas simbolizan el éxito, son una especie de héroes populares más o menos efímeros. El héroe se sitúa temporalmente como un ser no afectado por la condición de mortal; no porque su cuerpo no muera, sino porque después de su muerte aún lo sostenemos en nuestra percepción. El héroe es un recuerdo privilegiado entre el maremagno del olvido que construye la memoria histórica y sobrevive siempre que proyectemos en su figura un poder de representar algo más que su persona, por ejemplo nuestro deseo de pertenencia a un grupo.

En el transcurso de la historia, tanto el arte como el diseño han connotado armonía y han sido pensados simbólicamente como fuerzas racionales de ordenación, de organización y de contención integradora; el arte lo ha sido a través de la representación y el diseño, a través del utilitarismo y la sistematización (que hemos visto también en el fenómeno del canon). Estas formas armónicas comenzaron felizmente con el lenguaje, la música y las matemáticas. Hoy en día no valoramos este valor de armonización y la integración del hombre se persigue por fragmentos (estados, partidos, leyes, recursos, productos, parcelas, etc.). Las razones o argumentos que fragmentan nuestra totalidad en funciones y subfusiones representan también la vulnerabilidad de nuestra integridad personal. La planificación de un bienestar para la sociedad humana no será suficiente si no se sostienen con más potencia valores universales de solidaridad y distribución de los recursos primarios. No es necesariamente no funcional lo que no aparece sujeto a un sistema de producción: un tronco caído o una roca en el camino no son utilitarios, aunque sí funcionales como asientos para el descanso de una caminata.

La relación proporcional entre un monumentalismo contemporáneo, como por ejemplo, la arquitectura de autor como símbolo de poder urbanístico de las capitales y un tiempo de vida individual, mantiene a veces proporciones absurdas. A diferencia del pasado en que las vidas humanas se proyectaban como trascendentes y los elementos simbólicos arquitectónicos o mitológicos las honraban, en la actualidad los propios sistemas de producción están funcionando a modo de mitologías: se están honrando a si mismos.

Considero que esta situación se ve emerger de forma simbólica en el proyecto de rehabilitación y construcción de la Zona Zero de Nueva York. El proyecto se divide fundamentalmente en 2 partes: la cascada y la torre. La cascada tiene una especie de estructura en forma de Zigurat gigante (pirámide escalonada de origen mesopotámico) invertido que se dirige escalonadamente a las profundidades subterráneas y reproduce una caída en picado, al abismo, al pasado y a la memoria traumática. Esta parte está representada fundamentalmente a través de la fuerza del agua, que, sin duda, es una evocación potente, pero ¿qué culpa tiene el agua de haber sido elegida como símbolo asociado al trauma del pasado en esta ocasión? Siendo un recurso natural escaso, podría representar un valor de futuro. En cambio, el futuro, la potencia y la fortaleza, son una torre más alta, más resistente y brillante. En este caso, simboliza la tecnología, el sistema económico productivo, a modo de Fénix que renace de sus cenizas Se está simbolizando la tecnología y se obvia el medio ambiente, nuestro entorno natural y humano que deberíamos rehabilitar con urgencia.

Ni siquiera las ciudades nacieron como un sistema, sino que surgieron como fenómeno natural de acumulación de intereses muy diversos, en un proceso de derivaciones cada vez mayores. Me evoca el fenómeno de expansión del universo, que actualmente se dice que vuelve a comprimirse.

Sin embargo, las ciudades se han ido "domesticando" y actualmente están funcionando como un enorme sistema comprimido. En él se adhieren constantemente "pegatinas" de lo mismo, esto significa, más del mismo sistema y no de nuevas derivaciones. La ciudad se ha saturado, ya no da para más.

Arte y política

El Art Engagé, o arte alistado, fue una forma que procedía tanto de los requisitos del poder como de la adaptación a ellos por grupos determinados de artistas que acordaron criterios ideológicos con el fin de representar artística y eficazmente los valores imperantes del poder ante la sociedad. Esta forma de alistarse creó movimientos potentes que fueron denominados a veces como vanguardias, como el Constructivismo, el Suprematismo o el Futurismo, entre otros.

Asimismo, el Art Engagé no fue únicamente la forma en que el arte debía comprometerse o verse involucrado con los procesos políticos o vitales y su comunicación a las masas, sino también en qué medida tenía prohibido distanciarse iconográficamente de lo reconocible, de lo mimético. Por ejemplo, en sus comienzos la religión prohibió la representación mimética, pero poco después esta prohibición se invirtió hasta el punto que las políticas de masas hicieron este tipo de representación obligatoria.

Después de este momento, y a partir de los procesos de abstracción en la representación artística pictórica y escultórica, la función especular (de espejo) se desvanece. Con el cubismo y el suprematismo, la figura se ve deconstruida y los anclajes que antaño parecían asegurar un reconocimiento de las cosas referenciadas, desaparecen. A partir del cuestionamiento de los significantes establecidos, los dadaístas desintegraron la lectura y por lo tanto el acceso a recursos primarios. Mediante esta actitud lograron una afrenta a nuestras costumbres tradicionales de reconocernos en las cosas y tender a definir con demasiada facilidad las identidades diversas.

A partir de aquí fuimos a parar a otro sistema conceptual, que ya no separaba entre el más allá y el aquí y sus deidades, sino entre diferentes grados de racionalidad, es decir, entre lo realista y lo surrealista, lo consciente y lo subconsciente, lo sintagmático y lo paradigmático.

En el campo del diseño, a pesar de su gran fuerza visual, este problema nunca ha existido. El diseño no emergió por una dimensión simbólica, sino de un sistema (similar al canon) funcional, asegurador de adecuaciones múltiples y diversas, como si fuera una póliza de la fabricación en serie para un conjunto masivo de personas. La célebre frase atribuida a Mies Van der Rohe *"la forma sigue a la función"* explicita esta idea. Por ejemplo, esta frase puede referirse a la función de andar y de qué modo ha evolucionado la forma de nuestro pie. También podría referirse a la forma del calzado, que a su vez evoluciona según nuestro pie y según la función de la máquina que lo moldea. A su vez, las formas también generan más y más funciones, en un círculo vicioso. Además de sus funciones en los mercados, la producción es una parte intrínseca de las formas en la actualidad, un proyecto acabará siguiendo el lenguaje de la empresa que lo contrate.

Si es difícil definir las obras de arte tradicionales como funcionales es porque el empeño en su creación ha sido puesto por el artista mayoritariamente en los planos semánticos, simbólicos y morfológicos, pero mucho menos en los problemas de su reproducción o sistematización. Una visión basada en estas ideas atañe paradojas: ¿por qué las máquinas de guerra de Leonardo Da Vinci no son consideradas obras de arte? En cambio, un orinal de losa de fabricación en serie que Duchamp estableció como "Fuente" sí es una obra artística.

Los humanos especialmente en sus juegos políticos optan frecuentemente por una forma engañosa y, en definitiva, peligrosa de presentar la realidad, confundiendo permanentemente los referentes con sus representaciones. Durante la historia hemos conocido grandes derrumbes de la racionalidad, momentos en los que sociedades enteras no lograron distinguir entre campo y tablero, lo real y su representación, y generalmente sucumbieron a esta última. El resultado de esta confusión frecuentemente acabó en un estado de violencia.

En la época de Stalin el arte no figurativo fue prohibido en la URSS por considerarse arte burgués. El mismo tipo de arte fue prohibido en la Alemania nazi por considerarse arte degenerado. Esto nos demuestra también que la representación, traducida a lenguaje y hecho proyectual, puede igualmente acabar parasitando tranquilamente dentro de organismos ideológicos de características irracionales.

Las columnas que diseñó Bernini, que envuelven por sus dos lados la plaza de San Pedro en el Vaticano, son en gran parte el resultado formal de una lucha entre las tesis de la reforma y la contrarreforma. La representación barroca se impuso, pero aun así lo que determinó el mensaje fue la calidad de la imaginación y expresión del artista. A vista de pájaro, estos dos pasajes semicirculares de columnas perfilan la forma de dos manos plegadas una hacia la otra, acogiendo al público como Dios acogería a sus fieles. Los artistas más geniales, como se ve, supieron crear a través de las representaciones simbólicas pacificación en las almas atribuladas y desasosiego en los espíritus alienados.

La creatividad del artista crítico está vinculada a la defensa de la libertad de pensamiento y de expresión, que es un valor fundamental, y en este libro se plantea también como valor pedagógico, ya que desde esta libertad se abren conexiones con múltiples estímulos. La interacción entre usuario, creador y consumo son hoy día legítimos estímulos para los discursos y procesos artísticos. Las diferencias se abren entre un ritmo físico y otro virtual, una línea de energía en el espacio-tiempo y unos circuitos en una red social.

Destinos varios

A partir de lo que era el *disegno*, o simplemente dibujo, en la Italia renacentista, fue estructurándose una forma nueva de trascendencia, entendida no a través de la espiritualidad y la metafísica, sino de la acción en el tiempo, la proyección, el diseño, la forma de incidir o de repercutir en un futuro planificado con antelación, al que se llega a través del arte. Esta forma de trascendencia ya estaba implícita en la etimología de la palabra, en su función, como una especie de "atribuidor de sentido" y medio para la transmisión. *Diseño*, en castellano, igual que design en inglés proceden del italiano *disegno*, que a su vez procede del latín, en que de y signare eran atribuir un nombre o signo a algo. A partir de esta raíz común, en español creamos los términos *designio, destino y diseño*.

Euclides en su tratado denominado *Los elementos*, establece en uno de los postulados lo siguiente: entre dos puntos diferentes sólo pasa una línea recta (Libro I, postulado 1). Contemplado desde una intuición geométrica podríamos relacionar el *disegno* como concepto, trazo y designio a la vez, inicio y fin, lábil, abierto o incierto; los dos puntos de una línea recta podrían representar dos destinos que se distancian en direcciones opuestas. Por el contrario, cambiando los parámetros y cogiendo los grados de un ángulo de 0 a 360 grados que forma un radio en una dirección fija describiendo una circunferencia, los dos extremos se encuentran en un solo destino cerrado en un círculo (Paul Klee veía representado el trazo manual como la esencia de la energía física y espiritual del movimiento del cuerpo humano).

Desde los renacentistas como Leonardo y Rafael, la línea o el trazo han atravesado transformaciones interesantes: son más esquemáticos y actualmente responden más a la necesidad de representar objetos y proyectos que a representar el cuerpo humano. Ha cambiado el proceso físico vital del dibujante, que hoy debe dedicarse a la delineación de los objetos. En este sentido el arte continúa manteniendo un gran valor simbólico porque está relacionado no únicamente con la creatividad humana, aspecto que también conlleva el proceso del diseño, sino también con el deseo de trascender a través del tiempo. Se me ocurre que el tiempo es la dimensión más abstracta que experimentamos y la más consumida por la humanidad.

Aquellos que definimos como artistas, se han ensuciado las manos ya desde los orígenes prehistóricos con la exploración de los lenguajes visuales plásticos a fin de representar, transformar y comunicar la riqueza, variedad y pluralidad de conceptos y formas. Han jugado con todos aquellos conceptos y formas que han podido llegar a pensar y expresar en libertad. El pensamiento y los conceptos, junto con las manos, son como la puerta y las bisagras: la primera permanece cerrada o abierta, pero las segundas le permiten el movimiento. Sin nuestro movimiento físico y vital difícilmente podremos evaluar bien los procesos creativos en el tiempo. Precisamente esta función de los procesos creativos se está perdiendo en la pedagogía actual.

El arte no figurativo se ha ido asociando también con el Arte por el Arte. Por una parte el Arte por el Arte inaugura un futuro meta-artístico de los discursos plásticos, pero sin embargo también acarrea un sentido general de nivel de funcionalidad o valor productivo aparentemente algo menguados. La asociación no mimética, y por consiguiente menos funcional (tendemos a creer que las cosas que se reconocen son más funcionales), es bastante fascinante. Asociamos lo mimético con la supervivencia, con un reconocimiento de nuestra apariencia o experiencia empírica, fundamentalmente visual. Con ello llega la tranquilidad, así como la certeza de una identificación de alguna parte nuestra integrada en un sistema mucho mayor.

También nos fascina poder camuflarnos, por ejemplo, para poder sobrevivir en un sistema que nos amenaza con sus fuerzas incontroladas. En este caso, no ser reconocido y perder la identidad dentro de un sistema mucho mayor también es funcional. Es fascinante que todo cuanto nos rodea parece estar imbuido de una especie de predisposición a no ser reconocido o, mejor dicho, confundido entre lo que denominamos presentación (o fenómeno, ente) y representación (por ejemplo, figurativa, simbólica). El arte actual, al tender a comprimir los procesos en el tiempo, nos conduce a tomar partido en la presentación (en este caso, objeto del mundo) y la representación (objeto simbólico o artístico) a la vez. Esto conlleva no descansar sobre un sistema, sino permanecer en una dinámica a través de la cual evaluar las distancias que se abren entre una y otra forma de experimentar. Realmente no existe una forma que siga a una sola función.

La disciplina del diseño actualmente ya no puede conllevar esta situación. El mundo del diseño debería abrirse menos a los procesos de seducción y más a valores de responsabilidad social: una educación creativa para la crítica y una mayor libertad de pensamiento y de lenguajes de representación, un mayor potencial para conectar aspectos aparentemente ajenos de nuestra realidad y así economizar recursos. El ámbito del diseño debería plantearse también las percepciones humanas como lugar de transformación permanente sobre un eje de valores humanos solidarios dignos de ser comunicados a través del proceso del diseño. Este puede ser también el lugar en el cual plantear la actitud de emprendimiento como base para una economía creativa.

Como elemento funcional, el arte despierta suspicacias. Esto es debido precisamente a su poder revelador del punto de choque entre presentación y representación. Las mentes lúcidas de algunos artistas manifiestan críticamente este choque en una imagen (siempre que el proceso artístico no esté comprometido con un proyecto político). El arte nos ha enseñado que este punto de choque puede revelarse pacíficamente, aunque desconcierte nuestra capacidad para identificarnos en la obra.

El arte ha transcurrido desde la morfología iconográfica hacia la conceptual y simbólica. Si llegamos a comprender este hecho, nos abriremos a la incertidumbre, a destinos varios. Una dosis de incertidumbre es el detonante de la creatividad (aunque se debe transcurrir con prudencia porque la dosis excesiva de incertidumbre también puede llegar a ser detonante de la alienación). Para poder entender este choque entre presentación y representación, los conocimientos de arte en la educación deben acompañarse siempre de cualquier otra forma de conocimiento. Así funcionarían a modo de soporte de una racionalidad y serenidad ante la incertidumbre.

La experimentación de lo que denominamos tradicionalmente arte y creatividad mantiene, a modo de incertidumbre sostenible, nuestras capacidades de socialización, de crítica y de articularnos de forma pacífica entre los sistemas de la presentación y de la representación. Podemos contemplar la articulación de la presentación y la representación a partir de la relación de reglas, legitimidad o veracidad para la comunicación de un referente a través de su descripción. Estas descripciones, interpretaciones, representaciones, están formuladas de forma creativa y sujetas a grados de abstracción mental de nuestra inteligencia.

Esta problemática es antigua y fue una de las exploraciones de Platón en sus investigaciones acerca del mundo y de las contradicciones que en él experimentaba. El filósofo griego se preguntaba qué relación había entre un referente del mundo de los fenómenos y su nombre. A lo largo de la historia de la ciencia esta preocupación se ha manifestado en forma de teorías informativas. A través de estas teorías hemos asociado una situación de pertenencia entre lenguajes abstractos, como las matemáticas, y los fenómenos que describen que son aparentemente ajenos, materiales, distantes y en permanente transformación como, por ejemplo, el movimiento de los astros. La distancia entre estas dos dimensiones se debatió como una cuestión de verdad, consistencia, certeza y lógica. La estructura que reside en la teoría permanece "dentro" de un lenguaje en que a la vez que se distancia iconográficamente del referente, se diferencia de él mediante el poder de la observación, la abstracción, la construcción lógica y matemática, y se establece una estructura de información correlacionada con el fenómeno observado.

A medida que este proceso de comunicación de lo individual como modelo de lo universal se desarrolla, esta unicidad, asimilada y admitida, se torna pluralidad. La formación en el arte cuenta con una gran tradición proyectual, plural, pero también de la formación de la persona como ser reconocido y formado desde su subjetividad . A la formación en el diseño le sería útil volver a revisar algunas de las viejas enseñanzas y formas de rupturas que el arte ha experimentado. El objetivo sería acercar el diseño a problemáticas que requieran contemplar el mundo con un grado mayor de responsabilidad y crítica social y desde puntos de vista más heterogéneos.

A las Artes se las fue tratando desde una dimensión dialéctica. Por un lado contenían cantidades enormes de energías transformándose plásticamente en el tiempo en objetos y símbolos; por otro lado, detrás había historias personales creativas trascendiendo en los objetos con sus fuerzas vitales. El encuentro entre la historia filogénica y la ontogénica (la historia del conjunto de fuerzas que culmina en una obra) con la historia y el momento personal del autor, que a su vez también culmina en la misma obra, se resolvió en un discurso de poderío político mediante el cual se elevó toda la masa material concreta y de intervención humana a planos de características espirituales multitudinarias. De modo que la Historia del Arte se manifiesta de una forma simbólica heroica, sublime, al modo de una roca flotante en el cielo, como las que pintó el surrealista belga Renné Magritte, o como las formas en que las masas de planetas y estrellas se mantienen flotando y navegando aparentemente suspendidos en el cosmos.

En la era de la globalización y la omnipresencia de los medios de comunicación, los campos parecen encontrarse, las disciplinas están en el umbral de un encuentro feliz. La física y la biología están a punto de fusionarse en nuevas formas de enfocar investigaciones comunes y revolucionarias. La intuición de un científico en el pasado es lo más cercano a la asociación de varios campos de conocimiento en la actualidad.

Lo que hoy es multidisciplinar antes convergía en un solo individuo: el hombre del Renacimiento. Llama la atención en qué forma en algunas creaciones de aquellas épocas se combinan armónicamente diferentes personalidades y sendos lenguajes creativos. En buena parte de los proyectos monumentales arquitectónicos, el resultado de lo proyectado no se veía realizado en el tiempo de vida del autor original y, por ello, a medida que el proyecto avanzaba aparecían nuevos creadores contratados, que también hacían sus contribuciones. Considero que esta perspectiva temporal entre la vida física del autor hasta el estreno de su proyecto contribuyó a asociar a la noción de la trascendencia a una dimensión metafísica que aportó a la noción un aura de arte.

Veremos un ejemplo de creatividad desarrollada de forma interesante entre la estética, la sociedad y la economía, es el caso de Ray Kaizer Eames. En esta diseñadora, formada en arte y diseño en la segunda mitad del s. XX, coinciden de forma transparente las inquietudes y excelencias artísticas y las proyecciones en el ámbito del diseño. El ejemplo de esta creadora me llevó a intentar comprender mejor los procesos que se generan en el plano del deseo que perseguimos por ser creativos, su logro y sus mejoras cualitativa y cuantitativa. En Ray Kaizer Eames se manifiestan una artista y una diseñadora, una diseñadora y una artista.

5. CREATIVIDAD POSTERGADA

La actividad y el proceso creativo parecen generarse e interrumpirse como si fueran una conversación. Algo atrae la atención del hablante y le sitúa en un plano y en un intervalo en que la percepción se carga de nueva información. Esta información por una parte se conecta difusamente con el discurso anterior y por otra parte con la atención puesta en lo que irrumpe en el presente. Lo que quedó interrumpido permanece en una especie de suspenso de interacciones utópicas en nuestra mente. A veces este discurso suspendido queda a la espera de la mejor conexión posible para lograr, a partir de aquel punto en suspensión, una percepción más lúcida o creativa del mundo. El individuo se encuentra ocupado cerrando brechas entre conexión y conexión a través de estímulos constantes.

Este ejercicio constante de mantener paralelos, más distantes o unidos, los planos de presentación de lo real y los de sus representaciones y proyecciones, son procesos creativos de la percepción.Cuantas más energías debamos depositar en recluir y cerrar brechas de ideas fluidas, más grados de creatividad se "hipotecan" para un futuro incierto. Estructuramos guiones que articulan el mundo objetivo y el subjetivo. Generamos dimensiones, más o menos buscadas o, como decía Picasso, encontradas. ¿Creemos en estos encuentros o no? En general no somos capaces de tomar conciencia de su existencia, y eso sucede a pesar de que las conexiones posibles más potentes que creamos mediante nuestra percepción están sujetas también a alguna experimentación.

La formación temprana en la educación o la experiencia vital también se verán separadas por etapas (en este caso no me refiero a las etapas en el sentido que planteó Piaget). En la percepción permanece una dimensión utópica, al margen de la forma en que la mente y el cuerpo maduran, a veces a destiempo. Los reencuentros con uno mismo se dan en diferentes edades de la persona. Dado que los desencuentros provienen de alguna interrupción, muchas veces generada por una autoridad en nuestra temprana edad, no nos permitimos cuestionarlos.

La creatividad es el valor necesario para cuestionarse los lacres que sellan nuestro mundo emocional. Las formas objetivas y las emocionales intentan establecerse, encontrarse, y se saturan con mayor o menor adhesión al pasado o al presente. Los espacios que se han marcado por interrupciones se articularán con actitudes más eclécticas o más creativas, posiblemente también a través de nuestros sueños nocturnos. Unas actitudes serán funcionales pero intermitentes y las otras serán fluidas y permanentes.

En un taller de colores con niños de 5 años de edad, uno de ellos pintó un paisaje ricamente cromático muy vivo y espontáneo. En el cielo celeste introdujo dos pájaros negros en forma de V. Esta forma no es habitual en esas edades y le pregunté por qué lo había hecho así. Respondió que su padre le había enseñado que así se ven los pájaros a distancia. En este caso (aunque surgiera desde una intención positiva del padre) el niño había sido impedido de observar desde su visión sincrética la naturaleza del pájaro y expresarlo fluidamente desde su propia creatividad. Su padre, al enseñarle esta forma de dibujar los pájaros, había precipitado sus capacidades de percepción y de expresión, que luego difícilmente se recuperan, porque les había introducido un salto temporal. Esto nos ocurre cotidianamente a cualquier edad cuando asimilamos las enseñanzas de múltiples aspectos que dejamos de observar por nuestra propia cuenta y los acabamos expresando cada cual con su V.

Los resultados óptimos en los procesos creativos son el desenlace de una observación y de experiencia fluidas, no permanentemente interrumpidas. Las escuelas de formación para el pensamiento, la comunicación y la proyectación deberían comenzar, al igual que la cantera en el fútbol, a edades mucho más tempranas y de forma más intensiva. Los procesos creativos en la enseñanza también deberían regenerarse, partiendo desde un enfoque nuevo en cuanto a las dinámicas del proceso de observación y representación.

En este libro he relacionado el lugar en el cual se contiene esta dimensión de representación con lo utópico. Es un no lugar muy funcional de la percepción, y por consiguiente de la atención, en el cual podría parecer que el tiempo se detiene entre presentación y representación. Como en el caso del niño y su dibujo en el cual deseó expresar un pájaro con pico y alas y se le distorsionó hacia la V sugerida por su padre. Estos circuitos de la percepción parecen lugares de socialización y se potencian desde referentes plurales o de autoridad, así cómo desde lugares en donde nos reunimos: la calle, la ciudad, las aulas, los cines, los mítines, los medios de comunicación. Los sistemas de enseñanza, de poder y liderazgo se remiten a ellos, desactivando o potenciando la creatividad. Este no lugar, o circuito de atención destinado a ser creatividad Ltd. en favor de una supuesta óptima adaptación, adquiere formas ilusorias, otras de rica plasticidad y emociones expresivas o alienadas. Es dónde este circuito se potencia o se anula totalmente. Las personas comunes también tienen derecho a aprender, como decía que lo hacía Picasso, a encontrar.

Si lo utópico (considerado en su sentido puramente etimológico del griego *u-topos*, no lugar, como hemos visto en el apartado *Utopía*) en la percepción no es un lugar concreto, ¿qué es? ¿Es una distancia en movimiento entre lo real y su representación? Debe ser algo similar a la idea de Heráclito del río que nunca es el mismo, pero sí lo parece. Para potenciar o generar esta dimensión, los conceptos, las artes visuales y plásticas, deberían abordarse en un sistema de ejercitación mucho más intensivo, más crítico y, asimismo, más armónico que el actual. Esta armonía es una forma de comunicación entre el individuo consigo mismo. La persona es el canal y es el fluido en forma de cuerpo, pensamientos y lenguajes.

El arte en su desarrollo histórico ha marcado transformaciones profundas en nuestro pensamiento, tanto a través de transgresiones como de legitimaciones. Por ejemplo, a partir de la acción del dadaísta Duchamp, que puso un orinal en una galería determinando así su categoría artística, de esta forma el objeto artístico se ganó también el significado de *Objet trouvé* o *Ready Made* y ahora ya no debe ser realizado necesariamente por el artista. Todo el mundo ha asimilado este hecho y la gente y las nuevas generaciones de creadores se ven legitimados a apropiarse de objetos mediante los cuales poder expresarse. En los años setenta, a partir del artista conceptual británico Joseph Cosuth, los conceptos se admitieron como recursos artísticos legítimos. Estas transformaciones en nuestro pensamiento, junto con las formas de uso, no han llegado a partir de las legitimaciones que el mercado otorga, ni el poder político o el dinero, ni a partir de teorías científicas.

Con Marcel Broodthaers, artista conceptual belga, los documentos de una gestión cualquiera o artística pueden verse frecuentemente utilizados como objetos de arte comunicadores de procesos. El arte ha expuesto, a lo largo de su historia, procesos inmanentes de nuestra percepción y su capacidad para la comunicación cotidiana. Estos procesos se han mostrado irreversibles y, por consiguiente, se transforman en valores sólidos sin necesidad de estar legislados.

El proceso creativo marca un enorme esfuerzo de integración. La percepción funciona siguiendo este proceso, como un espacio de riesgo: primero sufre desadaptación, luego deconstrucción y posteriormente reconocimiento. Es distinto cubrir una necesidad o cubrir una intermediación del proceso de resolución de la necesidad. En nuestra sociedad acaba habiendo fragmentos de necesidad que se siembran con semillas que en su dispersión mantienen reflejos irisados que levitan en forma de una promesa de consumo. Deseamos sostener una identidad y una integridad como seres humanos, pero acabamos deconstruidos en fragmentos que representan la multiplicidad de productos que consumimos.

Mientras esto ocurre miles de creadores trabajan honestamente y anónimamente explorando las relaciones entre las realidades y las representaciones que viven y experimentan los seres humanos sensibles, con el objetivo de equilibrar de forma más creativa y pacífica su percepción de las dos. En estas realidades y representaciones de nuestra percepción, se imponen diversos poderes sobre una sensibilidad creativa que los hombres parecen necesitar para ser personas.

Algunas tendencias artísticas, avaladas por museos, defienden y legitiman una apropiación de las imágenes que abundan en el mercado. El apropiacionismo es una tendencia que se debe a una seudo teoría bastante acomodaticia de que la obra de arte, o mejor dicho, las imágenes, son de todos o, por lo menos, son un legado cultural abierto a nuestro servicio y consumo[10].

La SGAE, Coca-Cola, Microsoft o los herederos de Picasso, como algunos ejemplos de los que tienen bien registrados sus derechos comerciales, no están de acuerdo con esta filosofía. En una sociedad tan generadora de enter®ados devoradores de consumo como la sociedad que nos toca vivir, los pocos espacios libres individuales de creatividad son un reto muy difícil de lograr. Una vez logrado este espacio a través de un gran esfuerzo personal y anónimo, su mantenimiento también se paga caro. Su precio recae en el individuo creativo y un sistema de educación insuficiente, que no valora la autoría.

Copias creativas

Existen expertos en cualquier tema, los hay que conocen perfectamente los componentes del objeto ente estudiado y otros que conocen su historia. Pueden ser agentes, con distintas categorías, que sostienen una opinión en el momento de evaluar la relación entre un contenido original y las interpretaciones que de él se van expresando. En el mundo de las letras y las artes, la originalidad a lo largo de la historia en su devenir histórico se ha fundamentado en interpretaciones, y la mayoría de ellas se revelan bastante estructuradas y fundamentadas académicamente. Cuando no lo están, solemos denominarlas improvisaciones.

La mano de Leonardo se ve en alguna pintura de su maestro Verochio. Sin esta articulación con su antecesor la maestría de Leonardo no habría tenido oportunidad de emerger.

---

10. Ver el texto de 2010 que publica el Kunsthale Museum de Dusseldorf acerca de la exposición de colecciones del artista Hans Peter Feldman.

En el arte, la copia siempre se ha considerado una forma de transición en los procesos de enseñanza académica. Copiar significaba prepararse para ser diestro en lo que se consideraba la mejor forma o creación de un tiempo, digna de ser copiada. La historia de los procesos de aprendizaje nos enseña de qué forma emergen finalmente, desde la implacable prueba del tiempo, los artistas que después de aquella formación intensiva han abandonado la copia, superándola.

En la historia académica del arte, la copia representa el desenlace de un proceso en el cual lo mejor de algún legado o disciplina es reproducido y llevado hacia una transformación, después de un sometimiento temporal estricto de la propia libertad del creador. En este sentido considero que la copia no puede permitirse vulnerar a su referente. Puede hacerse con él temporalmente y con el fin declarado de superarlo. Este proceder se ilustra bien en la forma con que lo expresó Newton: "para poder ver más lejos, debí encaramarme sobre los hombros de gigantes". A partir de esta altura sería necesario abandonar el sometimiento al original y llegar al estadio de mayor vuelo, expresividad y culminación de una libertad creativa, como un valor esencial que deja su sello en la historia del progreso humano. En el caso del lenguaje pictórico nuevo, enigmático y revolucionario de Leonardo, su creación fue la perspectiva atmosférica mediante el sfumato, que en su maestro Verochio no existía.

En general, los expertos lo son en la medida que son intérpretes concienzudos de aquéllo que ya está compuesto, que se ha afirmado, se ha pintado, se ha actuado, incluso milenios atrás. Una interpretación debería comenzar como una copia. Por otra parte, afortunadamente, las interpretaciones nunca son definitivas. Con el paso del tiempo se reemplazan por discursos y observaciones acumuladas de otras disciplinas que parecían existir aisladamente y no estaban relacionadas con el tema explorado por el experto e intérprete de una época determinada. Unas categorizaciones interesantes son las del dibujo artístico, del dibujo anatómico científico o del dibujo técnico proyectual, todos abordados por Leonardo da Vinci. En estos ejemplos podemos er, desde la perspectiva que nos otorga la actualidad, hasta qué punto todos estos lenguajes gráficos son expresiones de diferentes contextos, manifestados por un mismo intérprete.

Aquí es importante tomar en cuenta que los espacios de la percepción se llenan constantemente de copias, una suerte de sobresaturación de deseos por aprovechar al máximo el espacio de libertad que descubrimos en las brechas que se abren entre la presentación y la representación. En algún momento deberíamos, a través de la pedagogía, poder mostrar al estudiante el perjuicio que le genera a él y a la sociedad el aferrarse a las copias, que para el estudiante funcionan a modo de pegamento para las brechas. En este punto sería conveniente reemplazar la idea de copia por la de influencia. La copia reproduce y no contiene prácticamente ningún grado de reflexión o generación de originalidad; la influencia es un estadio potencial de cambio.

Los límites entre estas dos premisas, la presentación original y la representación que de ella hacemos, son los límites de la libertad de pensamiento y de expresión y de la libertad como vivencia en general. Sería conveniente que entre sus espacios aprendiéramos a identificar y reconocer influencias.

Copia y Aura

El Aura, o Halo, es una forma o representación que describe un punto pregnante de luz que denota un potencial energético real o simbólico. En general aparece en forma de una especie de anillo o diadema de luz flotante sobre las cabezas de las figuras religiosas, especialmente de los santos pintados en cuadros y tableros de la época bizantina o las pinturas al óleo de la época del Renacimiento.

Estas formas representan una especie de cualificación del personaje y al mismo tiempo y paradójicamente una imposibilidad de evaluar cuantitativamente esta calificación: ¿cuánto tiene de sagrado, santo, puro, mártir? Walter Benjamin, haciendo una interesante extrapolación y para exponer sus ideas acerca de la reproducción en la era de la máquina, trasladó este signo de carácter simbólico metafísico y sugirió que el aura se disolvía en el proceso de producción en serie. La inflación de objetos y su devaluación no se avenían con el misterio de la unicidad, que puede contribuir a elevar el alma a través de una contemplación no fragmentada y monótona. El Aura, como he dicho anteriormente, es la metáfora que simboliza diferentes grados de la personalidad de un autor en el objeto de su creación.

La máxima expresión de la desaparición del Aura es la copia. El enfoque que voy a aportar sobre la copia la diferencia de la reproducción, que es un fenómeno distinto dentro de la representación. La noción de copia connota en general en nuestra mente un fenómeno negativo. Para poder explicar por qué la copia se rechaza me remontaré a los orígenes de los mitos.

Si partimos de los mitos más difundidos históricamente, desde el génesis en el antiguo testamento hasta las narraciones de mitos tribales, todos comienzan con una creación, una emergencia original y propia de un gran autor todopoderoso. Como derivación de estas grandes narraciones, se fue asentando en el ser humano, lejos en el tiempo, un sentimiento de veneración y apocamiento ante las fuerzas representadas en los mitos. Estos podían interpretarse, también, como las autoridades de la historia. A algunas sociedades tribales les consternaba que en sus artesanías lo que eran dibujos lineales o rosarios de puntos se plasmasen todos iguales; así, introducían puntos o formas un poco más grandes o algo variadas. La idea que residía en la aplicación de estas variaciones era que nadie debía tomarse la licencia de repetir la gran creación original, la perfecta. En este caso las cosas repetidas, con una misma forma y escala, se identificaban como un proceso de perfección, de sostenibilidad de una disciplina y poder divino, y eso únicamente lo podía soportar una deidad todopoderosa.

Nosotros los humanos debíamos en nuestra humildad demostrar y representar los fallos que nos ocurren, los tropiezos de cada día, los cambios, la muerte y la transformación. Por ejemplo, hacíamos cinco circulitos o muescas iguales y…. ¡hoops!, de pronto uno menor o mayor. Esta visión de ritmo e intervalos fue una interpretación a modo casi musical de una producción. A medida que los humanos nos íbamos entrenando en la decoración de la alfarería o los tejidos, nos estábamos diciendo, "este es un buen ritmo de trabajo y los círculos y muescas lo denotan". Pero también estábamos reconociendo que la noción de originalidad está basada en formas diferentes y que en las diferencias reside el valor creativo más importante.

Los objetos físicos y su estética estaban relacionados con un trabajo, una diversidad material y formal y una supervivencia arraigada en la comunicación y la economía. La relación entre ritmo, trabajo, estética, comunicación, se ve claramente reflejada en las canciones de trabajo. Un buen ejemplo serían los Work Songs afroamericanos aparecidos durante los siglos XIX y XX. Se fue generando un compás al inclinarse e incorporarse rítmicamente en la recogida del algodón o los golpes de picos sobre las piedras (un, dos, tres y palmas) y así, articulando un tiempo fuerte repetidamente, generaron un ritmo sincopado que se fue convirtiendo en el ritmo del Blues o el del Jazz. Parece que el objeto artístico contuviese un alma que le representaba a modo de arquetipo.

En el ámbito jurídico del derecho de autor, actualmente es considerado objeto original aquél que representa fielmente la personalidad de su creador. Ray Kaizer y Charles Eames (que serán el eje central de la segunda parte del libro) no negaron un glamour en el objeto del diseño, pero a la vez reivindicaron la producción en serie como un aspecto que acercaba el objeto utilitario, visto como fragmento de una totalidad armónica mayor, a mucha más gente que no era rica, lo que según su criterio valorizaba el objeto en su dimensión social. Si deseamos que un consumidor admita mejor los millones de fragmentos que se le venden actualmente, sería aconsejable que este consumidor o usuario pudiese ir identificando estos fragmentos como partes de un conjunto de valores globalmente más armónicos, que contribuyen al beneficio de la totalidad de la sociedad.

En sus objetos, Ray Kaizer y Charles Eames diseñaban un proceso de aproximación a los sentidos más desnudos: el tacto, el espacio y la vista en permanente movimiento. Sus objetos sedentes representan fragmentos de una posible armonía universal que parece que ellos reconocieron; sus objetos sedentes parecen esperar completarse a través del momento efímero en el cual el usuario, con su presencia fugaz o reposada y con su movimiento, complementaría o recuperaría el espíritu y la energía que el creador depositó en el objeto.

Ray Kaiser logró este aspecto en el hermoso asiento blanco denominado La Chaise, de carácter orgánico, envolvente, basado en las experiencias escultóricas de la propia Ray y las influencias de la escultura "Floating Figure" de Gaston Lachaise.

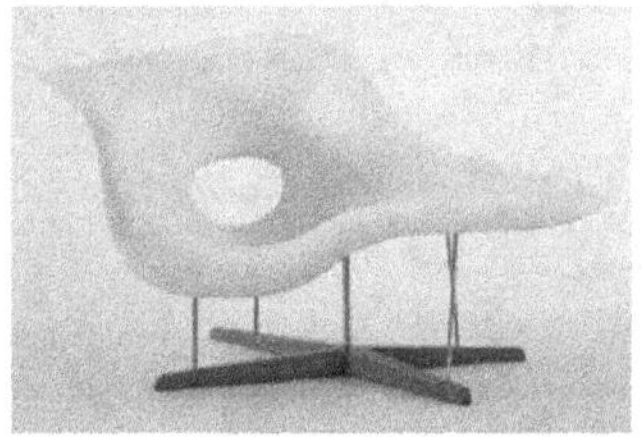

La Chaise de Ray Kaizer Eames

Floating Figure de Gaston Lachaise

Si los objetos de Ray y Charles Eames fueron populares no es por el marketing, sino que lo fueron esencialmente gracias a la visión y al sentido espacial escultórico orgánico que incorporó Ray Kaizer a estos prototipos, que estaba presente ya desde los inicios de la fase de creación. En el caso de la producción de objetos sedentes realizados por Ray Kaizer y Charles Eames, hubo una metamorfosis del tiempo o del ritmo en formas. El encuentro y reconocimiento mutuo de ambos, él con su conocimiento de los sistemas de producción y capacidad de comunicar, ella en con su talento artístico y poder crítico, les llevaron a una nueva síntesis estética que veremos en profundidad en la segunda parte del libro.

6. CHERCHEZ L'ÉCOLE!

La enseñanza tradicional debería plantearse la libertad creativa después de una lectura crítica de sí misma[11]. Tradicionalmente nuestra cultura de la imagen se ha ocupado fundamentalmente de los grados de prohibición o transformación iconográfica de la imagen en aras de una "verdad". Dentro de este contexto que considero de verdades relativas, deberíamos ocuparnos más de las relaciones iconográficas y simbólicas entre los contextos de la irracionalidad y la racionalidad. Se tiene que entrenar a los alumnos para una creatividad con el potencial de realizarnos y rescatarnos individualmente de la alienación que a menudo sufrimos como individuos y, a la vez, hay que entrenarlos para una creatividad que podamos poner al servicio de importantes causas sociales y también económicas. Es posible que estas dos formas de creatividad sean la misma, pero con una pequeña diferencia que aún nos queda por conocer.

Las escuelas parecen tener que repetir o adaptarse a un camino bifurcado, el de la formación del hogar y el de las etapas formativas institucionales. La fusión de la experiencia propia del individuo, su educación familiar, con la que se adquiere en las escuelas, depende en mayor medida de una óptica pedagógica innovadora. En este espacio, ¿dónde queda la enseñanza del diseño? Me pregunto ¿por qué no hay "cantera" para niños que tengan capacidad para diseñar, trabajar con madera, jardinería, ser ingenieros de recursos hídricos, etc.? Creo que todos ya intuimos la respuesta, y es que en estos ámbitos es difícil poder invertir a largo plazo, con un objetivo final distante. Esto se puede hacer en el fútbol porque tiene un público fiel que da rentabilidad. Este fenómeno deportivo que actualmente se nos presenta en forma de un conjunto de héroes míticos funciona tan bien porque genera una

---

11. Para darse cuenta de hasta qué punto nuestra enseñanza carece de creatividad es muy recomendable leer:

Ken Robinson, *All Our Futures: Creativity, Culture and Education. Report to the Secretary of State for Education and Employment the Secretary of State for Culture*, Media and Sport, May 1999.

posibilidad de evasión masiva en el tiempo que es difícil que otra profesión o dedicación pueda generar.

La intervención pedagógica ya se encuentra inmersa en las experiencias vitales de los estudiantes. Con esto hago referencia especialmente a las experiencias procedentes del seno familiar y sus valores transportados desde el hogar hasta el aula. Esta realidad debería asumirse en la enseñanza de modo performativo. Este punto de vista asume la labor docente como una performance personal, de forma que el profesor logre aproximarse lo mejor posible o aspire al igual que un actor o artista en un campo determinado, a sentar modelo a seguir, a inspirar.

El docente debería considerarse como un creador de enseñanza y a la enseñanza le convendría ser considerada un arte, ni más ni menos. Los maestros considerarían su formación al igual que aquél que decide formarse para aprender a escribir o a hacer música y aspira a llegar a comunicarlos a su público. Por otra parte y hablando de música... convendría una mayor ejercitación de la musicalidad en el sentido de la dosificación precisa de los "tempos", más o menos interrumpidos o fluidos en los procesos de aprendizaje. La musicalidad de la naturaleza es un elemento al cual el hombre intentó adaptarse durante milenios, hasta hace pocas décadas. A partir de un momento determinado estamos adaptándonos únicamente a la musicalidad de los propios instrumentos. En las disciplinas artísticas, a esta situación se la define como meta artística, pero en la vida cotidiana la misma adaptabilidad a lo que son puramente los medios puede resultar en alienación.

Con el fin de paliar esta situación, al individuo que desea entrenar su potencial creativo le convendría ensayar sus pensamientos en voz alta, a veces en solitario y otras ante un público, que pueden ser los compañeros de estudio, con un micrófono para superar el miedo irracional de "hablar solo" o el sentido del ridículo de hablar delante de gente. Con este entrenamiento reforzaría la fluidez y la capacidad de escuchar lo superfluo de sus contenidos silenciosos y estructurar su discurso. Además hacen presencia y se refuerzan así elementos que nos son visuales: sonidos, ritmos, escala, tacto, movimiento.

En el plano pedagógico, la cuestión principal que me interesa consiste en los itinerarios de libertad que podamos abrir desde la presentación hacia la representación. Esta apertura creativa debería superar el estadio de la pura traslación de grados de iconicidad en un tiempo determinado, como viene haciéndose en la cultura de la imagen. Considero que la superación del estadio de transformación de la imagen nos conduciría a tratar en mayor profundidad nuestros pensamientos acerca de lo real, entre ellos su identificación lograda o frustrada y los límites insospechados de lo creativo en nosotros. Este proceso de acercamientos o distanciamientos que asumimos ante esta identificación puede despertar en nosotros mayores o menores sentimientos de violencia. Con esto me refiero por ejemplo a la interrupción de una observación natural, como en el caso del niño que dibujaba pájaros en forma de V (que he explicado en el apartado *Creatividad postergada*). Esta situación obstructiva de la fluidez observadora se asentará en la persona en forma de frustración, confusión caótica e irreflexiva, y devendrá detonante de tensiones y violencia en la edad adulta.

El adulto que se introduce en la construcción de un lenguaje expresivo, plástico y su sintaxis, debe aprender a renunciar en parte a vicios de lenguajes anteriores construidos en ámbitos muy familiares y generalmente condescendientes que a la vez son muy limitadores. Las imágenes, el realismo, la fidelidad al referente son una cuestión que, al igual que en el caso del traductor, conlleva incluso en su etimología la condición de traidor ante una obra original (en italiano, *traduttore- traditore*). Los grados de una deconstrucción iconográfica representan por una parte un vacío incierto ante las propias convicciones originales de la persona, y por otra parte ante el riesgo de caer en la descomunicación ante un grupo de masa crítica para la aceptación del mensaje con un lenguaje nuevo. Este fenómeno viene acompañado de un proceso de renuncias y concesiones. Se ha dicho que Picasso nunca traspasó más allá del cubismo sintético por temor a que su público le abandonara ante un discurso en el cual no se identificarían sus modelos, figuras y puzles geométricos, que en definitiva siempre acabamos adivinando si seguimos la pista antropomórfica, paisajística y costumbrista del bodegón.

Resonancias

En la interesante ponencia que Gui Bonsiepe, teórico y diseñador, impartió en el Congreso Internacional de Diseño e Innovación de Catalunya, organizado por la Escuela Superior de Diseño en Sabadell en el año 2010, resonaron los elementos que dieron fuerza y cuerpo a la disciplina del diseño moderno de la segunda mitad del siglo XX, especialmente las tesis con que Tomás Maldonado forjó la etapa proyectual de la escuela de Ulm.

La segunda mitad del siglo XX se vio fusionar fundamentalmente en un SCAN (Speculation, Calculation, Adaptive Network), como si se siguiese un algoritmo, es decir, los conocimientos de formas interactivas fluían desde la mesa de proyectos hasta el objeto utilizado por el usuario. Considero como una suerte de proceso interactivo la relación actual del diseñador con su trabajo. A partir de mediados del siglo XX hasta hoy, el diseñador logra observar en el transcurso de su propia vida el comportamiento de objetos, proyectos aplicados diseñados por él y también logra escuchar las opiniones de los usuarios.

En su conferencia Bonsiepe habló de una etapa histórica de la Escuela de Ulm en la cual los planes de estudios sufrieron una transformación y adaptación a un plan enfocado más hacia un sistema de cálculo y metodología proyectual técnica. Se dejó un poco de lado el enfoque artístico intuitivo (aunque sin embargo éste es el que permite criticar los excesos en los discursos que acaban en megalomanías paisajísticas de todo tipo). En siglos anteriores las academias también se fusionaron de forma más o menos rápida en función de las necesidades de su tiempo y de incorporaciones de nuevas disciplinas. Las fusiones abarcaban todas las disciplinas; por ejemplo, el orfebre Ghiberti en la época del Renacimiento creó las puertas del paraíso del Baptisterio de San Giovanni en Florencia. En esta creación su obra en magníficos relieves de bronce se armonizó totalmente con creaciones de arquitectos, pintores o escultores, quienes desarrollaban un pensamiento espacial y un discurso de comunicación visual y funcional en su época.

La importancia del tiempo se ve en distintos aspectos de nuestras vidas. La psicoanalista vienesa Melannie Klein observó en sus trabajos sobre las técnicas de juego como parte del tratamiento psicoanalítico que cuando los niños se encuentran ensimismados jugando no les importa tanto quién dirige las reglas del juego, sino cómo sabrá desempeñarse a modo de líder. ¿Liderando qué? Klein sugirió que la respuesta podían ser la postergación arbitraria del tiempo y del modo en que los demás jugadores aceptarían esta arbitrariedad en los modos de las jugadas.

Esta arbitrariedad se expresaría en las órdenes del líder de cambiar un jugador de sitio, asignar alguien a un rol cubierto por otro, ordenar una pausa, interrumpir y recomenzar, aunque sea por un pequeño fallo. De esta manera, a través de las repeticiones, reemprendimientos y pausas entre las jugadas, se asimila una temporización (o *timing*) para una óptima socialización mediante el juego.

Los juegos requieren un tiempo para ejercer su efecto. Aquí volvemos al sentido de las interrupciones arbitrarias a las cuales nos somete la vida y que he tratado anteriormente, con el ejemplo del niño que dibujaba pájaros en forma de V porque su padre le había dicho que así eran. El juego actúa como el mito en la discontinuidad de la creatividad. Nos hace oscilar entre la sensualidad y la racionalidad y es una forma de rescatar tiempos creativos en cada edad de la persona.

Las escuelas son los ámbitos en los cuales intentamos tender un puente entre la realidad de la producción social, económica y la formación académica individual. El tiempo y su forma de dosificarse deben combinar el juego con el proyecto. La formación de los formadores en sí debería tomar en cuenta esta realidad y entrenarlos también como creadores, al igual como se hace con los músicos, que deben estudiar a fondo los tiempos armónicos.

En este sentido el director de una escuela sería un líder que administra el tiempo. Tiene que ser un maestro de la temporización, con el objeto de incidir en el lugar utópico, mítico, que articula el punto entre los ámbitos académico, intelectual y del mercado.

La escuela Bauhaus sufrió tiempos de conflictos ideológicos, de la misma índole que la escuela de Ulm. Según la formación de sus directores, tuvo una época más artística, otra más volcada a la manufactura y el mercado y otra con la vista puesta en la arquitectura y el diseño. Anteriormente, en el siglo XIX las academias de bellas artes cedieron parte de su lugar a las escuelas de arquitectura y en el siglo XX, a raíz de la revolución industrial, las nuevas necesidades se mecanizaron y las facultades nuevas dieron lugar a la formación especializada en diseño.

A partir de una formación basada en parte en el arte, volveremos a reconocernos dueños de una creatividad menos limitada, y resolveremos problemas actuales y desbordantes, acuciantes por sus características sociales, medioambientales y ecológicas. Un movimiento que se fundamenta en estas teorías es el Land Art, con los artistas Allan Sonfist o Robert Smithson como referencia. Otro concepto que ilustra estas ideas puede ser el de Permaculture, que explora el equilibrio que puede generarse entre nuestras intervenciones actuales en la tierra y las estructuras, estratos o usos que esta tierra nos revela del pasado.

La atención de los niños y la juventud en el presente parecen necesitar sintetizar la cantidad de conocimiento acumulado. Es responsabilidad de los pedagogos atajar esta capacidad de atención necesaria para brindar los instrumentos que no únicamente sinteticen en velocidad, como lo hacen los ordenadores, sino que lo hagan críticamente. La pedagogía está marcando rumbos para una creatividad de servicios o de adaptación, aunque el mayor riesgo reside en que la propia pedagogía se esté marcando el mismo rumbo, para sí. El efecto que la cantidad ingente de conocimiento y la velocidad de su asimilación provocan en los individuos acaba resultando en un cuestionamiento permanente de la creatividad y de su devaluación. Las tecnologías y medios de comunicación, en general, sustituyen a la creación, con su prerrogativa en fascinar, individual o masivamente, y así alimentan discretamente este cuestionamiento.

El pedagogo se sitúa ante estos efectos y ante el tiempo limitado de óptima atención que requiere el aprendizaje. Es una batalla campal que se libra entre intentos de conseguir parcelas y cotas de atención intelectual, emocional, humana personal, a favor de objetivos diversos. Considero que el primer esfuerzo que la pedagogía debe hacer en esta batalla por obtener una "cota de audiencia" de atención de los seres humanos sería ante todo poner en evidencia de qué forma otros medios desactivan la capacidad creativa que las personas atesoran, y evitarlo o por lo menos denunciarlo.

Las escuelas deben enfrentarse por una parte al discurso mercantil, que puede resultar totalmente especulativo, descontrolado y caótico. Por otra parte, la escuela debe ejercer su discurso formativo forjando la crítica, para ello requiere una exploración y examinación de planos y conexiones, a modo de Sound Bites. Los Sound Bites son trozos sustraídos de un discurso que se consideran el punto fuerte del contenido general. El escritor Mark Twain lo describió como "el mínimo de sonido para el máximo de sentido", actualmente en inglés se escribe con las siglas SOT. Algunos Sound Bites deben hacer resonar algunos momentos históricos. No es posible avanzar sin una creatividad basada en el conjunto de los sentidos del ser humano, de sus capacidades tanto egoístas como altruistas, que deberían volver a enfocarse como formas de proyectar. La razón sin intuición no puede ofrecer progresos.

A la vez, debería conformarse desde la infancia una capacidad de respuesta para la ejercitación de una responsabilidad social. Es posible que un modelo incipiente para esta fórmula pueda vislumbrarse en la "Clínica de Diseño", inaugurada en la escuela superior de administración en Rishon Letzíon, Israel, y dirigida por el arquitecto Yaron Turel[12].

---

12. Podéis consultar la página web de la entidad: www.haaretz.com/culture/.../ design-or-revolution.

Esta clínica está volcada en la conformación de los servicios que el diseño pueda ofrecer a modo de "taller de reparaciones", entre otros, también a los sectores más necesitados de la sociedad. No nos sorprende que asimilemos cambios técnicos a gran velocidad aunque desde la creación de los jardines de infancia, recién en la segunda mitad del siglo XIX, nos damos cuenta de la lentitud de asimilación y de hasta qué punto estamos dispuestos a asumir cambios sociales (¿cómo pudieron vivir durante tantos siglos sin saber dónde colocar a los niños? La respuesta es la mujer).

En los procesos pedagógicos debemos dejar abierto un camino que nos indicará, por un lado, la valoración de lo que transcurre, que adoptamos y, por el otro, de lo que está a punto de desvanecerse, que desechamos. Deberíamos procesar la creatividad como si se tratara de recursos naturales y la relación de proporciones entre espacios de identidad la debemos procesar como si se tratara de recursos mentales más o menos económicos, sintéticos, miméticos, contaminados, etc.

El ejercicio de la creatividad se puede comparar a hacer deporte en el entorno urbano o hacerlo en el agua o en la montaña. Cada lugar despierta a otra persona en nosotros, el espacio cuestiona al paisaje, al viajero, al turista. No son lo mismo nuestras percepciones e identidades desde diferentes entornos y recursos, no somos lo mismo en diferentes presentes. Ejercitar la creatividad equivaldría a despertar y revisar todos estos sentidos que la naturaleza nos aporta.

La curiosidad nos lleva a proyectarnos fuera de nosotros mismos explorando el mundo externo y la memoria nos refleja a nosotros mismos mientras exploramos nuestro mundo interno, el de lo que recordamos. La memoria actúa como si nuestra mente y cuerpo lucharan por decidir si deben habitar un espacio o un paisaje. La pedagogía debe saber discernir la importancia de la curiosidad y de la memoria para poder acompañar mejor a la persona. Necesitamos una educación más creativa que nos ayude a distinguirnos como sujetos o como consumidores. En cualquier caso nos hará más conscientes, solidarios e integrados socialmente.

Con el objeto de revisar aspectos de una creatividad fluida, se requiere que el estudiante escriba más durante los procesos de creación y se lea en voz alta a si mismo, sus deseos, ideas, estrategias, etc. Se requiere también una confianza en la propia formación, de la cual en general todos sufrimos carencias. También es conveniente que exprese en voz alta sus escritos, delante de estudiantes que no conoce y que cursan otras disciplinas, que le interrumpan frecuentemente con el objetivo de provocar en el comunicador una duda o adhesión mayores con la esencia del tema en cuestión. Esto pondría a prueba la calidad del discurso y su contenido. Al mismo tiempo en estas interacciones consideradas a menudo, desafortunadamente, al límite del ridículo, se revelarían afinidades originales entre individuos, afinidades que pueden convertirse en lenguajes innovadores, asociaciones o empresas de emprendimientos multidisciplinares.

Al enfocar un trayecto hacia nuestro objeto creativo, nos apoyamos sobretodo en certezas lógicas y pautas mnemotécnicas, pero menos en incógnitas, intuiciones o zonas borrosas de nuestras percepciones. Esta situación contrasta con la imagen romántica del escritor ante la página en blanco o del pintor ante el lienzo vacío: la generación espontánea no existe en el pensamiento y en las proyecciones creativas siempre hay un referente anterior. Sin embargo, llega un momento en el cual decidimos que ya no es válido aquel referente, es un momento de desprendimiento en el cual la creatividad funciona a modo de intuición y se pone a prueba la soledad del artista, que se comunicará con otras soledades. Este momento (o lugar) es poderoso.

En los procesos del diseño, el índice de incertidumbre es nulo. Se pretende que el creador se adapte muy expeditivamente a los requisitos del encargo. Si en la formación y educación para la producción en nombre de un bienestar común no se abren más abismos de incertidumbre, nos veremos reflejados una y otra vez en un mismo círculo vicioso de problemas humanos sin resolver.

Los físicos lo denominan cuerdas, antimateria, y nosotros popularmente lo consideramos vacío. En él vivimos bastante adaptados una existencia que nos implica en la cotidianidad, pero de la cual no somos capaces de tomar conciencia como algo que nos conforma de un modo diferente del cual intuimos la materia. Sería necesario algún tipo de confianza en uno mismo y su formación ante la incógnita en los procesos de nuestra propia percepción.

Es importante ver cómo se estructuran las confusiones, de qué forma son creadas. Podemos comenzar con sesiones maratonianas entre alumnos sin experiencia y diseñadores experimentados enfrentados a la solución de un problema proyectual. Y cada cual se enfrentará desde los recursos que estén a su alcance.

Nuestra percepción es en gran parte responsable de proveernos la experiencia de la realidad, de procesar y relacionar las cosas ajenas y las íntimas en nuestra identidad. En el campo perceptivo, se nos presentan las cosas y las personas de cerca, en el momento adecuado. Esta misma percepción es capaz de conducirnos también fuera de nosotros, de las personas y las cosas, dejando de verlas, oírlas, y así proyectándonos de una forma que podríamos definir como trascendente o, por lo contrario, alienante.

El fenómeno físico de la luz es análogo al de la conciencia. La luz a pesar de propagarse y estar presente e inundar por ejemplo el entorno del sistema solar, no se contradice con la visión extra atmosférica que de este espacio tenemos como una masa totalmente negra. La luz al topar con la materia parece retroalimentarse, como si ella y nuestro cerebro se despertaran mútuamente articulando lo necesario para que lo de "dentro" pueda conocer lo de "fuera", así se genera conocimiento y funcionamos a modo de sintetizadores de energías del entorno.

La ciencia y el arte siguen un rumbo que se ocupa del reconocimiento. Aunque todo siga resultando oscuro alrededor, nuestros fotorreceptores captarán selectivamente una parte, lo demás continúa propagándose sin ser codificado.

La noción que tenemos de la energía luminosa permanentemente propagada y la noción de oscuridad permanente del universo conviven en armonía en nuestra percepción con el hecho que, a pocos kilómetros "más abajo" del cielo, vivimos en un mundo que logra traducir esta energía en partículas que además sabemos seleccionar e identificar como mayoritariamente azules. Significa que dominamos una capacidad importante de convivencia con una conciencia preparada para experiencias contradictorias. Esta conciencia es también nuestra creatividad.

Nuestra mente nos proyecta y permite que nos sintamos en cualquier otro sitio. Este fenómeno actúa como detonador en momentos de rupturas y cambios históricos; entre realidades y representaciones existe un espacio de conexión entre la capacidad de abstracción y la de concreción. Las personas creativas intuyen o saben con mayor grado de certeza que las descripciones de lo considerado del mundo real son arbitrarias. La ciencia busca explicar los fenómenos, pero su lenguaje consiste a la vez en una contradicción entre el fenómeno y el lenguaje.

Deberíamos poder enseñar a contener y estimular la percepción como un no lugar y una utopía que permanece y a la cual intentamos adaptarnos. Sugiero establecer y celebrar un día oficial del desconocimiento mundial. Esta sugerencia creativa puede que nos asuste al principio, pero en poco tiempo encontraríamos las formas para afrontar y superar sus envites y la incertidumbre como un estímulo cotidiano e ilimitado muy plástico y valioso para el cuestionamiento, la contradicción, la humildad y la motivación. Desde aquí lo ofrezco como una contribución a la educación para la creatividad. Por otra parte, por supuesto considero importante continuar celebrando con almanaques los aniversarios y cumpleaños con regalos: celebrar el fenómeno efímero de la vida, su trascendencia y finitud. El fenómeno efímero puede ser motor suficiente para afrontar la existencia cotidiana; el asombro contiene la dimensión del desconocimiento y del conocimiento del cuerpo, del cosmos, del amor, de las horas, de los fracasos y de los éxitos.

Ejercicios para una desadaptación

En mi ponencia en el Congreso Internacional de Diseño e Innovación de Cataluña, que organizó la ESDi en Sabadell (ved el apartado *Resonancias*), sugiero seguir con mayor atención los procesos conceptuales y plásticos de transformación, especialmente en el campo de la pedagogía del arte y el diseño. Uno de los puntos de estos procesos, el que denominé "Lapsus Graphis", son momentos aparentemente "fallidos" del discurrir plástico del estudiante, momentos de desarticulación respecto de su formación o, inclusive, de su educación anterior.

Dado que esta situación es similar a lo que denominamos espontaneidad, los docentes podríamos asumir un grado mayor de elasticidad para responder adecuadamente a estos episodios de desconocimiento. Los docentes deberíamos ser creadores de formación y no, únicamente, adaptadores de formación, que es lo que actualmente prefiere una organización de la masa social productiva.

Esto representaría que, ante un sistema tradicional en la pedagogía, se generaran durante el curso lectivo lugares en el ámbito de la representación, en los cuales a través de nuestra iniciativa individual, investiguemos en tiempo real una ejercitación del orden paradigmático, en una relación absolutamente abierta con varios referentes. Las actitudes referenciales responderían a la idea de conciliencia, que consiste en una especie de isla temporal fuera del programa establecido, a modo de reto metadisciplinar o de prueba de orientación, adentrándose en un tiempo y topografía desconocidos[13]. Esta conciliencia representa un tiempo muerto muy vital. En esta prueba de orientación no intervendría una evaluación, únicamente debería lograrse salir del laberinto del discurso (o perderse en él) conectando y legitimando elementos desconocidos, insospechados y no planteados por el discurso tradicional.

---

13. Ver Osborne Wilson, Edward (1999), London: Abbacus. *Consilience: The Unity of Knowledge*

Para ello recomiendo, especialmente en los talleres del primer y segundo curso, y en este caso del grado oficial de diseño, profundizar en las formas de analizar cantidades variadas de información en una misma duración de tiempo. Estos análisis estarían sujetos a transformaciones rítmicas. En la enseñanza, entre los extremos del fenómeno adaptación /desadaptación, conviene mirar un objetivo final con cierta relatividad, como si éste fuera un pulso más en la cadena de tiempo del conjunto de una asignatura. Así podría transmitirse la misma información y, siguiendo un ejemplo musical, se haría a modo de un alegretto o de un prestíssimo. Otro procedimiento sería que en un cuatrimestre se impartiera la misma asignatura y los mismos contenidos por dos profesores y que éstos fueran de características e ideologías personales muy distintas.

Otro ejemplo para este destiempo o variación de ritmo en un curso lectivo podría darse a partir de una partitura de una canción tradicional sobre la cual un músico contemporáneo crea una improvisación. La improvisación se genera desde un sentido de libertad interpretativa personal respecto de una estructura que el músico y el oyente conocen generalmente con anterioridad y en función de una estricta anotación. En esta anotación hay, por ejemplo, cinco puntos tonales distintos muy reconocibles y una serie de tonos avanza hacia un encuentro con cada punto en un tiempo dado, fijo. En la versión improvisada se abre la interpretación de modo que en la ruta nueva y en el mismo tiempo el músico irá al encuentro de únicamente tres puntos de los cinco reconocibles de la ruta anterior. En el trayecto de estos tres puntos, el intérprete introducirá variaciones en el compás y en las notas. A pesar de las variaciones, la estructura se mantiene y el objetivo general también; el contenido se reconoce y comunica sus mensajes, pero dentro del mismo proceso de comunicación, la persona cuestiona y explora formas distintas.

La improvisación es un elemento esencial para hacer visibles los puntos indefinidos, interrumpidos, del proceso del pensamiento conceptual y gráfico, de rupturas con fijaciones, de dualidades o ambigüedades informativas o de conexiones entre las formas tradicionales y las formas innovadoras. Durante un tiempo, el estudiante aprende variaciones de ritmos de ejercitaciones, especialmente al comenzar, pero también a mediados e inclusive hacia final del curso. Con este proceso se abren islas desconocidas, a modo de reservas, como las islas Galápagos que sirvieron a Darwin para explorar aspectos intactos de nuestra evolución y crear las articulaciones entre ellos.

Otro ejemplo para esta forma de aplicar los trayectos sería un viaje por una ciudad, desde la percepción del *flaneur* (trotacalles, paseante que se recrea con el fenómeno urbano) o, por el contrario, desde la perspectiva del plano que nos entregaron en la oficina de turismo. Podemos contar con las dos posibilidades por igual. Con la primera, nos adentraríamos en los engranajes sin conocer la totalidad del sistema; con la segunda, comenzaríamos con el conjunto y desconoceríamos los detalles. En algún momento, las experiencias de búsqueda y hallazgos convergerían en el tiempo y se conectarían los puntos que determinan dos formas de orientación distintas en este paseo espacio-temporal.

¿De qué forma estructurar un lenguaje nuevo y desconocido, compuesto de palabras antiguas y de palabras actuales? Para ello deben plantearse una estética relacional y puntos de articulación. Por ejemplo, la letra A no es más que un antiguo pictograma del alfabeto hebreo y fenicio, la primera del alfabeto, letra cuya forma representaba la cabeza de un buey, el Aleph, y sus cuernos. Actualmente en la versión latina el mismo pictograma se presenta girado, sintetizado a un mínimo de expresión geométrica triangular. Durante su trayecto desde medio oriente, la antigua Grecia y Roma hasta nuestros tiempos, esta forma se pasó una temporada rotando 180 grados, para llegar a colocarse actualmente cuernos abajo. Sin embargo, sigue siendo líder en calidad y servicios.

El movimiento relacional en el arte contemporáneo puede ilustrar aspectos de esta cuestión[14].

---

14. Ver http://esferapublica.org/nfblog/?p=10989 - *¿Se Puede Hablar De "Arte Relacional"?*

Los procesos conceptuales y de organización con los cuales el diseñador piensa un objeto real y sus funciones para un espacio de nuestra convivencia no son procesos esencialmente distintos de los que llevaría a cabo un alumno. Estos procesos creativos, sociales, didácticos exigen organizar la experiencia de la subjetividad y la objetividad, del pasado y del presente. Nuestra dimensión "Resiliente" adapta estas dicotomías mediante la creatividad[15].

---

15. Ver Aldo Melillo. *El pensamiento de Boris Cyrulnik* http://www.redsistemica.com.ar/articulo85-1.htm

SEGUNDA PARTE:
ENCUENTROS CREATIVOS ENTRE ARTE Y DISEÑO

7. ¿OCUPAR O CREAR LUGARES Y OBJETOS?

En este apartado expongo una serie de imágenes con el fin de presentar los objetos sedentes e ilustrar a través de su ordenación cronológica, un proceso. En este proceso transcurren aspectos de nuestra historia de nomadismo y sedentarismo y a la vez las transformaciones de los lugares en un sentido semántico y no únicamente en el de su extensión tridimensional. En la actualidad, una de las preocupaciones que nos asolan es la de la explosión demográfica, la explotación de los recursos, etc. Una de las consecuencias históricas sujetas a estas realidades han sido y son las grandes migraciones de los seres humanos.

Las imágenes de los objetos aquí expuestos se ordenan consecutivamente en un intento de ilustrar una especie de Conquista del espacio en nuestra propia tierra. El primer objeto de la serie es un asiento íbero monolítico (la Dama de Baza) esculpido conjuntamente con su usuario, la persona y la piedra, el lugar y el objeto, en que el sujeto y su jerarquía son inseparables. En este ejemplo la masa de un bloque se sustrae para descubrir el espacio como lugar para un movimiento individual muy limitado. El artista debió explorar el mundo circundante cuestionando el bloque de masa y debiendo sustraer lo estrictamente permitido, no podía inaugurar un espacio libre.

Hasta entrada la modernidad, los objetos ganaban espacio cuando se les vaciaban sus materias primas originarias: la roca, el bloque de mármol, el tronco de madera. Al conformarse, los objetos conservaban las reminiscencias de las raíces, la montaña, la tierra. Estos elementos con orígenes terrenales, se expresaron mediante formas zoomórficas y antropomórficas. En este ejemplo del s. XX he elegido una silla tallada en madera de Gaudí. Posteriormente el montaje se realiza por una construcción por adición (ya no por sustracción), es decir, ensamblaje de partes. Las curvas del objeto ya no se vacían tallándose, sino que se recortan planos de madera serrándola y conformando los negativos y positivos, con un motivo por ejemplo vegetal de reminiscencias egipcias como en el respaldo del asiento del arquitecto finlandés Eliel Saarinen.

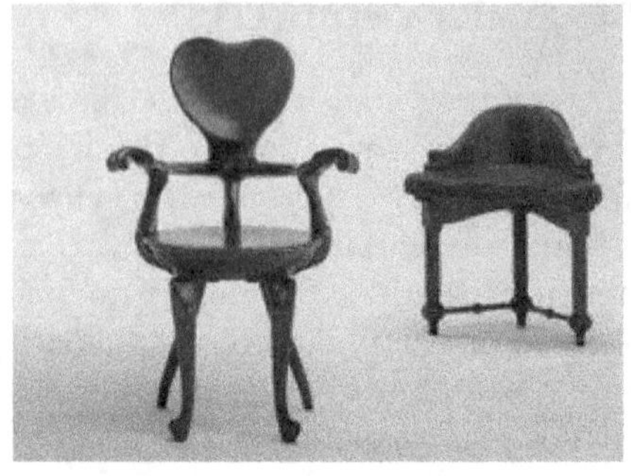
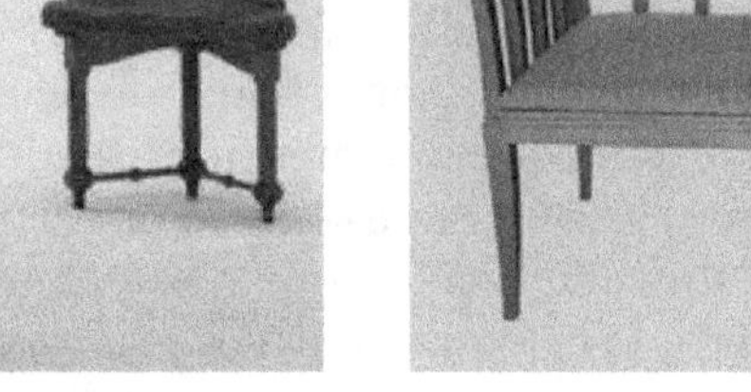

Gaudí, Silla Calvet 1900-1901   Eliel Saarinen, Blue chair 1929

En los objetos siguientes puede verse un despliegue del lenguaje de la exploración geométrica moderna a través del plano y la línea. En las sillas de Thonet, las reminiscencias de un tallo o circunvalación de carácter vegetal próximo al estilo Art Noveau se traducen a un dibujo en el espacio (han pasado muchos siglos desde el vaciado de un bloque de piedra hasta aquí). La técnica de curvar madera por medio de vapor y presión dio lugar a la transformación de listones rectos en formas curvas a modo de vectores espaciales. La masa y el vaciado son inexistentes, el objeto se ve a través del espacio que se intuye como elemento plástico que parece curvarse conjuntamente con la línea. Posteriormente, esta intuición ha sido desarrollada por los arquitectos modernos, que han asumido el espacio como un elemento plástico y en interacción vital con las personas.

En los planos que diseña Gerlad Summers, la madera laminada se asume como una dermis o una forma que responde con estos planos a lo que Thonet crea con la línea. Una vez más el concepto de vaciado de masa desaparece en este procedimiento y la ocupación de un plano se hace por adición de láminas y su curvatura y modelado por medio de vapor y ajuste a un molde. Las hipérboles y sus trayectorias responden a una nueva extensión en la cual se intuye el advenimiento del plano como envolvente.

Michael Thonet, *n°18*, silla
de madera de haya, 1860

Gerald Summers, *Lounge chair*, madera de
abedul, 1934

En el siguiente modelo, el asiento que diseñó Ray Kaizer Eames, se manifiesta el envolvente de un cuerpo individual, el lugar de un individuo específico, físico. No es un símbolo, jerarquía, puesto, fuerza natural, sino pura extensión, espacio para ocupar desde el momento vital de transformación efímera y fugaz. Este asiento fue creado como un contraste a los cuerpos masivos y a la vez flotantes realizados por el escultor neoclásico francés Gaston La Chaise. El apellido del escultor y la palabra Chaise ('silla' en francés), concluyen un discurso lúdico que entraña los contrastes del objeto y su peso y en la creación de Ray, la ausencia del cuerpo desde la silla vacía y su ligereza liberadora.

La forma de las patas de metal recuerda la relación entre peso y levitación y nos sugiere un aspecto moderno de la exploración espacial y la relación entre peso y gravedad. Este elemento estaba exento en las nociones plásticas que han constituido a los objetos anteriores.

Finalmente me interesa homenajear esta exploración histórica del espacio en la propia tierra, realizando mi propia incursión conceptual y plástica en el lugar que parece que nos toca crear u ocupar. El objeto sedente que creé es una estructura de dos partes. Una parte se planteó desde el concepto de lugar, designio sedente y complemento de lo incierto, que debería corresponderse con la presencia del sujeto. La otra parte se complementa desde el concepto de nomadismo. El objeto en su conjunto responde a inquietudes de carácter espacial geográfico y cultural relacionado con mi experiencia de la emigración, inmigración.

La primera parte consiste en un armazón de hierro soldado con barras de 14 milímetros de diámetro: patas, posabrazos, asiento vacío y respaldo vacío. Esta estructura podría estar en cualquier sitio a la espera de un sujeto nómada, desplazado por diferentes lugares del planeta, y que en estos desplazamientos no ocupa lugares nuevos, sino que los compone[16].

La segunda parte es un abrigo reforzado de cuero que yo llevo puesto encima, lo que me envuelve en el día a día, el uso del cuerpo y sus vicios, hábitos y formas. En parte, este abrigo, o segunda piel, también guarda y absorbe elementos de los lugares por los cuales viaja. En el momento de llegar a un lugar en el cual existe un armazón libre, me quito el abrigo, revisto el armazón con él y me siento encima del propio abrigo. En el momento de marcharme del lugar, desvisto el armazón, me lo pongo y lo dejo libre para el que desee usarlo a su llegada. Estos abrigos se diseñaron con más de un modelo y son considerados también asientos, lugares y debido a su uso cotidiano como indumentaria, formas y aspectos desplazables de nuestra personalidad.

Este objeto ha sido parte de la instalación Sin lugar Singular en la sala Vinçon en Barcelona. El proyecto fue fundado tanto en experiencias artísticas como del mundo del diseño de los objetos. Las diferencias que podían contener el origen artístico y el del diseño, constituyó el motor de una dialéctica que me permitió forjar su lenguaje creativo.

Con este trabajo me interesó tratar nuestra actitud hacia el mundo, muy condicionada a los lugares que ocupamos, nuestros destinos y nuestras procedencias. El objetivo final fue marcar un objeto que asume en su diseño y en su uso características de lo utópico, ya que una parte del objeto es sedente y otra parte es nómada.

---

16. Ver imagenes en la página 139.

Este proyecto también adquiere su sentido simbólico al remarcar en su proceso nuestro deseo y derecho de ser libres allí donde quiera que nos encontremos en esta tierra y en los lugares que en ella deberíamos crear, que no ocupar. Por otra parte aporta la riqueza que de los desplazamientos se adquiere al aportar valores y recibirlos.

Este proyecto fue también una forma de homenajear no únicamente a nuestros abuelos, sino a nuestros nietos.

8. RAY KAIZER EAMES

El enfoque de los planteamientos que pretendo hacer de la historia y obra de Ray Kaizer Eames saldrá principalmente de mi intuición. Es decir, este enfoque tiende a volcarse como un supergráfico que se amolda a una época, a la formación general y profesional de la artista y a los resultados de su trabajo expresados en diferentes objetos. Esta forma intuitiva de enfocarlo intenta preservar una dimensión del proceso creativo de la artista-diseñadora y sus configuraciones y conexiones. De estas "Conexiones" hablaba Charles Eames, que decía que rastreaban las relaciones entre unos elementos aparentemente distantes y la forma en la cual se veían influenciados. Considero que esta forma de establecer conexiones llevó a Darwin al descubrimiento de un eslabón evolutivo perdido, que pudo ver únicamente a través de un viaje a una isla muy alejada de la gran civilización. Estas conexiones no deberían confundirse con la improvisación.

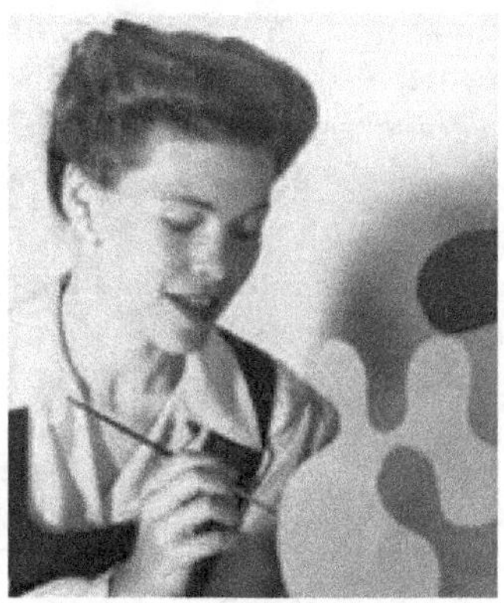

Ray Kaizer Eames pintando, 1943

A mi criterio otra conexión generadora expresiva de este tipo fue la propia relación de pareja entre Ray Kaizer y Charles Eames. En esta relación se vieron superados los componentes individuales que los podían distanciar, a través de su interacción ideológica, creativa, complementaria y armónica. A esto se debe mi decisión de aportar este ejemplo de un proceso de comunicación ejemplar entre la capacidad estética artística de ella y la visión técnica de él. Por otra parte se añade otro factor, en parte característico de aquella época y sus formas de relación entre géneros, donde se ve una cierta actitud de concesión de ella ante la omnipresencia del ego de él. En cierto sentido, esta actitud veló un nivel real de la contribución esencial que ella aportó y que hoy podemos vislumbrar con más nitidez en los resultados de sus creaciones.

Con el objetivo de ilustrar estas problemáticas me planteé un enfoque pedagógico a modo de deconstrucción. Esta deconstrucción intenta imaginar los estudios y la formación como si fueran una energía renovable. Para lograr un enfoque mas nítido de cuestiones formales y no únicamente semánticas he partido desde otros aspectos que en general consideramos como artísticos, estableciéndolos a modo de fondo sobre el cual contrastar el aspecto técnico.

De todas formas, antes me interesa avanzar algunos conceptos de esta articulación del arte y la técnica, con muestras de juegos creados por mí mismo con el objetivo de comprender mejor algunas distancias ideológicas que se pueden asumir en casos diversos. En la primera parte planteo una opción lúdica para el concepto de un procedimiento creativo no utilitario aunque con fines didácticos. En la segunda parte expondré un ejemplo principal de un procedimiento creativo aplicado en el campo del diseño y con fines utilitarios. Son dos variantes de un único juego.

9. JUEGO DE CONEXIÓN

Los elementos que conectan las partes de un discurso son primeramente conceptuales, pero en el momento que se representan y comunican verbal o materialmente, sus articulaciones devienen elementos plásticos y de poder sinérgico. Con el objetivo de conectar elementos distantes, como recomendaba Charles Eames en su actividad productiva, expongo un juego que ideé para que los niños se pudieran representar un fenómeno de interpretación de conocimientos distintos. La cuestión consistía en ilustrar una diferencia esencial entre la dimensión discursiva del arte y la de la ciencia, y a partir de allí apuntar en un mismo juego placentero las diferencias que nos enriquecen. A partir de este punto, se hacía de la diferencia un motor para una creatividad que aportaba al fenómeno de convivencia una dimensión estética. La complementariedad entre ciencia y arte, o tecnología y arte, deberían adquirir la misma relevancia y mediante cada una de ellas cada persona lograría expresar su creatividad atesorada. No se trata aquí de comenzar a proyectar una actitud de discriminación positiva hacia las artes, sino de comprender en profundidad el alcance de la complementariedad real o, en otros términos, de la conciliencia, que estas dimensiones tienen entre si.

Primer juego

El primer juego como conjunto está compuesto de una serie de formas que están articuladas en un punto determinado. Cuentan 5 partes y las articulaciones no cuentan como partes.

La segunda versión del juego, son prácticamente las mismas 5 formas del conjunto anterior, pero esta vez sueltas y no cuentan con articulaciones.

Primera versión

En la primera versión, la conexión está en la articulación de las partes, que además están imantadas. Así, el desplazamiento del objeto condiciona el conjunto de las formas; la conexión hace el objeto dueño de un potencial informativo que se encuentra a priori en la articulación. Si empujamos sobre el plano una de las formas de la primera muestra, el efecto inmediato es sinérgico y conduce a que las otras formas se deslicen y cambien como conjunto compositivo hacia distintas posiciones y en una secuencia que se asemeja a la de una imagen animada, ya que todo el conjunto responde a la vez. Las conexiones o articulaciones son más propias del campo de la ciencia y podríamos asociarlas con una ley que condiciona las transformaciones. En el ámbito del diseño, estos condicionantes formales se encuentran en diferentes grados como aspectos que procuran sistematizar un conjunto. La articulación entre las partes no deja lugar a una interpretación en el límite del contacto entre partes. En este caso el lugar para una proyección interpretativa comienza a partir de la totalidad del objeto articulado.

Estado 1. Primera versión

Figuras articuladas

Primer juego. Segunda versión

En esta versión veremos un cúmulo de formas desarticuladas y autónomas sin influencia mutua. Son prácticamente las mismas formas, pero no se ejerce la influencia simultánea de todas entre sí. Podemos empujar una contra la otra y mover una parte del conjunto: el efecto de la fuerza se disipa ante lugares y dinámicas fragmentadas, de modo que la totalidad se transforma en un cuestionamiento. En esta versión todos los lados están abiertos y se origina una relación totalmente diferente entre las formas. Sin embargo, visto desde una imaginación mas pluralista, el mismo conjunto de partes, esta vez desarticuladas, nos permite mover y componer mediante posiciones casi ilimitadas, distancias e interacciones sugerentes y mucho más variadas que en la primera versión. En los procesos creativos nos aproximamos de formas muy distintas a un mismo problema según la información inicial, una modalidad la denominaríamos sistematizada y la otra, derivada.

Estas modalidades nos abren el proceso de estudio y la profundización de nuestro propio pensamiento organizativo o imaginario. Las piezas articuladas responden a cuestiones de dimensión topológica. En este punto podríamos volver a proyectarnos nuevamente con la función del canon que articula invariablemente una estructura. En un sentido creativo vislumbramos un lenguaje que articula las formas como sistema en el espacio y se sugiere otro discurso para los espacios de ausencias de articulación que quedan abiertos y con posibilidades de conexión. Desde esta visión, las piezas articuladas en interacción con, por ejemplo, fondo blanco, actuarían como figura negra y plana en un nivel muy contrastado de alta pregnancia. Se sigue un poco la idea de Alexander Calder, que compuso piezas de sus móviles tomando en cuenta la fuerza eólica como parte de la estructura, resultando ésta en un móvil articulado con un hilo. De esta forma piezas separadas se conjugaron con un tercer componente, el viento. Este elemento acaba articulando a los hilos o alambres y la dimensión aparentemente menos material que completaba la relación espacio / material.

Son dos juegos con las mismas formas, pero con métodos de trabajo creativos diferentes: uno a modo de sistematización y el otro de derivación. El primero nos enseña lenguajes para la construcción sintagmática y el segundo, una construcción de carácter paradigmatico.

Figura no articulada

Con este juego intenté expresar plástica y visualmente distintos grados de organización que acaban configurándose de modo plástico y lúdico. Por otra parte, intenté proyectar al lector por un momento hacia el territorio de una íntima reserva natural que, tratándose de creatividad, nos conviene visitar de vez en cuando en nuestros viajes, que es el territorio de la infancia.

Sin Lugar-Singular

Los elementos siguientes que me interesa exponer son objetos sedentes en algunas de sus dimensiones conceptuales, creativas y morfológicas. A través de su crónica intentaré recuperar también una conexión entre arte y diseño y rastrear algún "Aura", o mejor dicho, señales del sentido metafórico de los objetos. Además de estos ámbitos, enfocaré otra parte hacia la enseñanza de la forma y sus funciones. Esta última parte viene del marco de los talleres de forma y color realizados en la Escuela Superior de Diseño ESDi.

Con el fin de aproximarme de forma intuitiva a estos objetos sedentes, en los apartados anteriores he intentado plantear conceptos como adaptación, destino, utopía, mercado, consumo, resiliencia e ideas acerca de la formación del estudiante de diseño. A partir de aquí me interesa abrir aún más estas proyecciones conceptuales y plantear los objetos a modo de tres tipologías de espacio distintas. El enfoque principal sería un enfoque pedagógico mediante el cual clasificar también tres modalidades de lenguajes de organización para la representación de los objetos. Estos objetos se han producido en el transcurso de tres generaciones diferentes, en tres épocas, lugares y modalidades distintas; conceptualmente abordan también formas de proyección muy distintas.

Según como se mire, el asiento contiene una característica peculiar. Por una parte puede ser un objeto inamovible, como el suelo, que puede servirnos de asiento, o pueden ser transportables: sillas, bancos, etc. Por otra parte, además de ser objetos también son lugares. Por eso, como he dicho en el principio del libro, podemos dirigirnos a alguien y decirle "No me ocupes mi lugar" o podemos exclamar alegremente "el que se fue a Sevilla perdió su silla". Aquí hay un pobre perdedor que no ha llegado a poder sentarse y con ello lograr el descanso que busca en el objeto.

Los objetos sedentes no son simples objetos, sino que generan a su alrededor una historia (igual como he sugerido en el apartado *Función del tiempo, tiempo de la función* con el ejemplo del tatami en Japón). Una piedra, un trono, un cajón de frutas a modo de taburete "ready made" o una silla de alta tecnología generan una historia material, social, de jerarquías reales y simbólicas. Es una historia del mínimo lugar, narrada por quienes se sientan o por quienes desean ocupar el lugar más alto. Las características del objeto sedente (ser objeto, ser lugar y provocar una historia humana a su alrededor) nos llevan a pensar objetos-lugar, totalmente diferentes.

Anteriormente he comentado que la artista Ray Kaizer Eames creía, gracias a su etapa juvenil de bailarina, que el suelo es un plano de retroalimentación y que cualquier acción del cuerpo en el espacio tridimensional culmina con una recuperación de la gravedad. Según la percepción de Ray, por medio de nuestro cuerpo articulamos de forma envolvente el suelo y el espacio, generando así ritmos en la percepción. Asombra el hecho de positivar física y estéticamente una energía que ha desplegado sobre el suelo como una descarga del propio cuerpo danzante y luego nos habla de su recuperación. Esta visión del espacio como extensión del cuerpo es muy interesante, ya que contempla la acción física como una función económica del cuerpo; no puedo dejar de asociarlo con nuestras preocupaciones contemporáneas por las energías renovables.

A partir de aquí me interesa enfocar algunos puntos y lugares concretos de los objetos que diseñó esta escultora, en los cuales la energía física se transforma en una serie de combinaciones de lenguajes que trasladan el discurso extensional espacial hacia características morfológicas envolventes, posteriormente funcionales y finalmente utilitarias.

Como escultora y diseñadora, Ray Kaizer demostró en sus aportaciones en los diseños de sillas, asientos y mobiliario en general una profunda identificación entre estética personal y naturaleza y entre tiempo y forma. En cierto modo podríamos reconocer en sus planteamientos las bases naturales subyacentes en el lenguaje naturalista de Gaudí, que está sustraído de las formas helicoidales, espirales, esféricas, hiperbólicas, etc. de la naturaleza. Aparte de estos elementos compartidos, sus obras y estéticas prácticamente no se relacionan en ningún otro aspecto.

Esta conexión, poco estrecha, refleja una interrupción que considero debida, a grandes rasgos, a las guerras mundiales. Los creadores de las vanguardias del s. XX interpusieron cuestionamientos que hicieron estallar la continuidad de lo fácilmente identificable que se encontraba en la expresión naturalista y romántica de los modernistas. La expresión de la naturaleza no se cortó, sencillamente se vio transformada como un supergráfico, tormenta de arena, sombra de los nubarrones navegando sobre cadenas montañosas sin hacerse eco de sus topografías. Esto significó el abandono de lo mimético y simbólico a favor de lo extensional, recogiendo la naturaleza desde sus características permanentemente cambiantes y mutantes.

El recorrido productivo de Ray Kaizer y de Charles Eames también ilustra el proceso de este cambio. Al principio, ella creaba escultura en madera laminada con gran maestría y tenía algunas influencias de formas orgánicas provenientes del artista Hans Arp y, por lo que se refiere al concepto de espacio envolvente, tenía influencias del arquitecto finlandés Elio Saarinen.

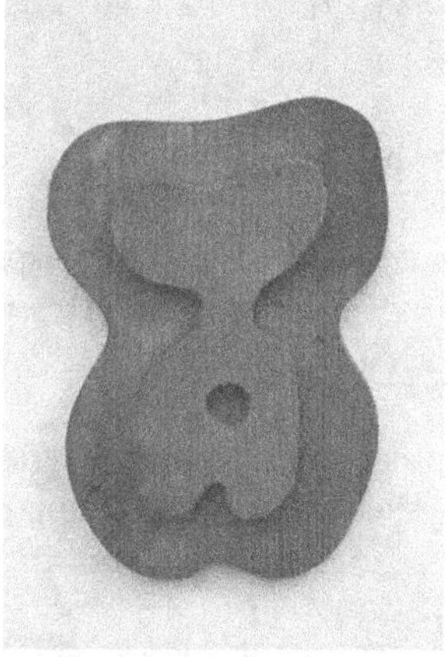

Hans Arp, *Torse Nombril*, 1915

Ray Kaizer y Charles Eames fueron incorporando las intervenciones de la escultura contemporánea a través de un proceso de adaptación ejemplar del considerado arte no utilitario hacia una fabricación técnica, aunque sin perder su estética artística radical. Considero que éste es uno de los pocos ejemplos de traslación de unos objetos que pasaron por la cadena de fabricación sin perder el "Aura" a que aludía el filósofo Walter Benjamin.

Esto lo atribuyo a la tenacidad de los creadores por mantener una relación conceptual y ecológica muy cercana con la naturaleza, especialmente la madera como signo de una vida y paisaje que deberíamos respetar. Ray y Charles hicieron un gran esfuerzo por acercar sus creaciones a la gente. ¿Puede que el amor sea otra parte de la respuesta a cómo lo consiguieron? Después de todo, Charles Eames, el marido de Ray, fue quien a su manera celebró la obra de su mujer a través de los conocimientos que él tenía de las aplicaciones industriales y la gestión de su reproducción. Una hipótesis de carácter psicológico ¿o una crónica del corazón? De todas formas, considero que podemos encontrar otros creadores que han trabajado de forma individual y no en pareja que han logrado objetos con estas características fronterizas. A mí se me ocurren algunos objetos que lo reflejan, y son objetos sedentes. Por ejemplo, el egg-chair de Arne Jacobsen o los asientos de madera laminada de Gerald Summers.

Lo didáctico de este proceso de Ray Kaizer radica en el hecho que podemos trazar gráficamente los momentos en los cuales los efectos de la dinámica de su cuerpo, sus espacios, la materia y el volumen, la técnica puramente escultórica y el objeto no utilitario, pasan a la interacción con la utilidad. Otro aspecto de valor pedagógico en todo este trayecto reside en la formación de la artista, comenzando por lo que definimos desde un prejuicio, autodidacta. No es que Ray no se hubiese formado en la educación reglada (por ejemplo estudió en la Cranbrook Academy), pero es el deseo de experimentar con lo desconocido lo que determina su personalidad autodidacta. La formación se une al deseo y la curiosidad de probar cosas, la danza, el espacio, el movimiento, la música.

Las influencias europeas abstraccionistas marcaron su formación en la pintura con Hans Hoffman como pedagogo y gran artista. A partir de aquí también entró en el mundo de la escultura. En este universo experimental, Ray aprendió de las enseñanzas del arquitecto finlandés Elio Saarinen, que defendió durante toda su carrera un uso creativo de la madera, como si todo el mundo fuera tan boscoso como Finlandia.

A partir de su interacción con Charles Eames, su marido, que era técnico y gestor de la producción, comenzó un salto escalar hacia la fusión de lenguajes. En el proceso que llega a partir de aquí podemos vislumbrar a través de testimonios, entrevistas[17] e imágenes, la forma en que la industria cuestiona los límites de su obra escultórica y viceversa, el artista que reside dentro del diseñador cuestiona los límites que plantea la producción.

En los capítulos anteriores he tratado problemáticas de adaptación, espacios utópicos, formación y límites de la articulación entre lo individual y lo social, lo artístico y lo industrial, lo racional y lo irracional. He sugerido la relación de pérdida ilustrada en un sentido de difuminación gradual de una identidad. Esta pérdida se ve reflejada en una descomposición plástica, a partir de la pérdida de control económico y de producción que ha comenzado a modo de exploración estética individual. En el caso de Ray Kaizer, por suerte todo esto no sucede. Si relacionamos todos estos procesos con las palabras de Benjamin, que he citado antes, encuentro que el significado de "aura" no es ni más ni menos que la persona y el grado de difuminación que sufre su personalidad a través de una proyección deconstructiva de sus objetos. Esta situación se manifiesta en miles de productos, a través de los cuales podríamos generar una especie de arqueología que refleje grados de identidad muy reconocibles según el autor y otros rasgos de identidad desvanecidos parcial o totalmente dentro del proceso de conformación y producción. En el caso de los Eames, se conservan estos rasgos de la experiencia personal y tienen suficiente autoridad para comunicarlos, sus objetos siguen siendo reconocibles y puede que por esa razón también estén entre los más premiados y comerciales de la historia del diseño.

La idea de exponer el tipo de formación que tuvo Ray Kaizer en su infancia y su juventud tiene como fin comprender la actitud física unida a la dimensión conceptual.

---

17. http://www.aaa.si.edu/collections/interviews/oral-history-interview-ray-eames-12821 (link actualizado el 12 de Enero de 2012 de la etrevista archivada en Oral history interview with Ray Eames, 1980 July 28-Aug. 20, Archives of American Art, Smithsonian Institution).

Este inicio físico en su trayecto formativo se asoció al arte a través de la danza, aunque hoy debería asociarse al planeta en que vivimos y la relación con la tierra. Nuestra sensación de pérdida de control de diversos procesos productivos que separan entre crear y producir sería análoga a una sensación de pérdida de identidad como seres habitantes del planeta y la sensación de vivir o sobrevivir.

Aquí me interesa hacer una pausa y volver a proyectar al lector a un ejemplo. La primera performance de las artes plásticas la realizó, sin ser consciente de ello, Jackson Pollock[18]. La hizo dejando caer gotas, chorros fluidos de pintura, sobre las grandes telas que extendía en el suelo de su estudio, mientras caminaba rodeándolas. Esta acción artística se debió también a influencias de las danzas rituales de nativos indios alrededor de los fuegos ceremoniales que Pollock tuvo oportunidad de presenciar en su temprana juventud. Desde mi punto de vista, lo considero una suerte de relación con la tierra. En este caso es de carácter más simbólico que el de Ray, de características fundamentalmente extensionales, es decir, donde se manifiesta expresivamente el movimiento físico en el espacio, sus ritmos, sus efectos envolventes y no necesariamente sus significados simbólicos.

Los célebres *Drippings* o goteos de pintura que Pollock dejó caer sobre la tela, fueron expresiones de un movimiento relacionado con ideas y sensaciones telúricas, simbólicas y físicas personales y con un desarrollo escalar en la historia del arte. Nos enseñó que la obra artística o la creación plástica y su discurso no son un objeto, sino también una relación, ya que se desplazan desde el caballete hacia un trayecto espacial. La expresión gráfica a partir de un automatismo psíquico se lanzó desde el Surrealismo y desde los soportes que prestaron los dadaístas a esta forma aparentemente irracional. Estos artistas fueron una especie de ocupas del arte a favor de otras formas de libertad.

---

18. En realidad, no fue consciente porque aún no era algo común y ni tan solo existía el concepto, lo cual demuestra la fuerza de las palabras: todo aquello que no tiene nombre no existe. Post factum se incluye la acción de J. Pollock como una performance y nace el Action Painting.

El artista norteamericano Pollock nos habla no únicamente de un automatismo psíquico, sino que amplía el automatismo gráfico plano a una escala corporal y nos sugiere un automatismo físico espacial. Nos desplaza anunciando el espacio-tiempo y la tierra como elementos artísticos, dignos de un respeto natural y que son a la vez ceremoniales y reales. Si se quiere, podemos decir que denuncia nuestro distanciamiento de la tierra.

Sin embargo, el artista también nos anuncia la relación con la superficie de la tierra y los peligros de una fijación en el localismo, advertencia que podemos vislumbrar en los ovillos esquizoides que representan sus *Drippings*. Estas formas nos acercan a nuestra actualidad, a la dimensión de red intrincada de nuestra sociedad de comunicación. En definitiva, nos habla de una necesidad de cuestionamiento ético permanente con nuestras posturas y logros. Las ideas de Pollock nos han acercado a imaginar espacios de habitabilidad más permeables, simbólicamente, con los cuales asociarnos e identificarnos mejor a una existencia planetaria. Mediante la evocación de tierra, permacultura, nativos, fuego, fluidos y la figura de si mismo como explorador, Pollock señala su ligamen con valores universales y una información acerca de la utopía y la libertad con las cuales sentir y comunicar. Al igual que muchos grandes creadores intuitivos, Pollock pintó y habló nuestro tiempo mucho antes que éste existiera.

Me he derivado hacia su ejemplo para ilustrar un potencial artístico que permanece expuesto en los museos. Estas obras con tanto potencial despiertan nuestra capacidad de conocer, criticar y, principalmente, nos llevan desde el camino de la cotidianeidad, en el cual nos perdemos todos los días, hacia la interconexión con el mundo. Ray Kaizer también andó un camino, aunque tuvo que ser inverso, ya que venía desde una actitud absolutamente artística, hasta conectar con el mundo de la cotidianidad con la ayuda de su marido. La unión de ambos generó un equilibrio.

Antecedentes históricos

La artista Ray Kaizer y el diseñador Charles Eames nos enseñan en sus inicios unas pertenencias particulares y características, que beben de un legado de predecesores y antecedentes plásticos y creativos reconocibles en sus objetos de diseño. Las incursiones tempranas en la abstracción se sucedieron en el siglo XX a partir, fundamentalmente, primero de Cézanne y luego de los cubistas. Por otro lado, desde un trasfondo revolucionario, los suprematistas, como Malevich, y otros grupos atacaron el flanco materialista; mientras que los dadaístas y los surrealistas desafiaron y acabaron por socavar las bases del discurso clásico de las representaciones sublimes bien temperadas.

El control que frente a la naturaleza (por lo menos la naturaleza humana) el hombre fantaseaba ostentar, se vio grotescamente desdibujado con la imagen de la ruina de la Gran Guerra. Toda fe en un predominio de la razón se vio pronto vertida en un crisol de deshechos de la sociedad y la estética. Formas blandas, orgánicas, fluidas y anárquicas se veían derramadas en espacios oníricos y envolventes. El automatismo psíquico basado en las teorías del subconsciente freudiano substituyó de un plumazo y mediante manchas, como las de Mischaux o Rorchach, aquellas funciones estéticas de un canon objetivo y de una construcción cartesiana regular y geométrica.

Otra vertiente se sumó a las teorías de la psique en erupción periódica, la de una expresión más intuitiva, lúdica, infantil y primitiva. Los extremos llegaban a tocarse para una sociedad frágil y neurótica en las deconstrucciones geométricas de las figuras de Picasso o las figuras sostenidas por hilitos y puntitos del catalán Miró y el escultor Calder o Hans Arp, y los pintores Robert y Sonia Delaunay y su mini movimiento que se denominó Orfismo.

El cuerpo humano siempre ha sido una fuente de inspiración para las construcciones sociales: sus representaciones simbólicas más o menos representativas o figurativas se suceden hasta la actualidad. Las formas tensas o redondeadas, envolventes o volumétricas del cuerpo humano pueden llenar el espacio mínimo de una máscara ritual africana de madera tallada y piel curtida en cuya expresión se puede proyectar fiereza bestial o fertilidad receptiva y generosa. Al mismo tiempo, las necesidades ergonómicas de un usuario en un despacho de ejecutivos en Manhattan dan la forma envolvente a un sillón de madera laminada, cubierta de piel suave y lujosa y fabricado en serie. Así la funcionalidad de la máscara y el simbolismo asimilado en el sillón Eames, en un despacho en Manhattan, se rozan y acaban reflejando los extremos de una conexión íntima. Se conectan en relaciones de parentesco, como brotes de un árbol genealógico con un tronco común vivo y en evolución. Los Eames lo sabían y esto se refleja en los numerosos viajes que realizaron para conocer culturas exóticas y también se refleja en sus enormes colecciones de objetos de diferentes funciones y procedencias. Estas colecciones que fueron minuciosamente clasificadas y legadas por Ray Kaizer, antes de su muerte, a la Biblioteca Nacional del Congreso de Estados Unidos.

Los artistas plásticos también conocían estas conexiones, sea a través de su formación o sea de forma intuitiva, y en las representaciones de su época evocaban mediante el cubismo y el surrealismo estas transformaciones y fusiones sincrónicas. Considero que en la época de las vanguardias del siglo XX se dio y representó la última gran simultaneidad de conexiones entre nuestro pasado tribal y nuestro presente. Al igual que en las etapas del Cubismo de Picasso, a nuestro pasado tribal le han sucedido la fase analítica y la fase sintética. La primera, más relacionada con la talla original y la visión mágica y romántica que imbuía a la materia primitiva. La siguiente y última de sus revoluciones fue su interpretación racionalista geométrica del desorden al cual estaban sometidos la percepción y la moral en los principios y mediados del siglo XX.

A partir de este punto sería adecuado contemplar el inicio del lenguaje expresivo de la escultora, dibujante, pintora y diseñadora Ray Kaizer, pero para ello necesitamos también conocer el trabajo de Charles Eames. Partiré desde los mismos hechos de la historia del arte expuestos anteriormente, aunque poniendo más énfasis en la arquitectura a partir de la escuela de Chicago donde estudió Eames. Esta escuela también pasó por un proceso similar de deconstrucción y de despojamientos sucesivos: primero con las descargas de masa constructiva mediante las vigas de acero. Luego ampliando planos, espacios, ventanas, eliminando obstáculos materiales o proyectando cubiertas en largos voladizos, igual como hizo el arquitecto Frank Lloyd Wright.

En la arquitectura se abrían vertientes plásticas tan ricas como las de la escultura o la pintura. Los entablamentos y columnas de los templos culturales de carácter neoclásico desaparecieron, al igual que en el cubismo sintético. En la arquitectura se buscaba despojar los planos y espacios de las excesivas masas, frisos, propileos, ornamentos y espacios simbólicos. Arquitectos como Le Baron Geny, Peter Beherens, Frank Lloyd Wright, Gropius, Richard Neutra, se aproximaban a argumentos constructivos racionalistas y, con el legado de educadores pioneros como Froebel, también a argumentos lúdicos.

En su encuentro ya en el año 1941, Charles Eames y Ray Kaizer, cada uno de ellos por separado, se manifiesta desde una madurez plástica expresiva con un lenguaje gráfico personal y establecido previamente a su encuentro feliz y su trabajo en común como pareja. Las primeras expresiones gráficas de Charles Eames no coinciden en nada con la evolución estética del trabajo de Ray en la misma época. Las expresiones gráficas de Charles Eames en aquellos tiempos, los años 30, se originan en los primeros rascacielos de la escuela de Chicago. En esta época su lenguaje es técnico, geométrico, regular, y asume el dibujo única y exclusivamente como un lenguaje descriptivo, mediante perspectivas y planos constructivos realizados para sus proyectos. Respecto del estilo, en estos dibujos arquitectónicos se manifiesta también un concepto iconográfico que reposa en el lenguaje del grabado, del romanticismo y del monumentalismo de estilo neoclásico.

En los dibujos de Ray, por lo contrario, las proporciones siempre son expresivas en el conjunto y no en función de un paisaje específico. Si comparamos estos dibujos con los de Charles Eames de la misma época, vuelve a surgir una cuestión inicial: el desarrollo de las nociones plásticas implica mucho más que una serie de enseñanzas, al igual que la teoría de la Gestalt consideraba que el conjunto es más que la suma de sus partes. La sensibilidad plástica que suma las partes de la enseñanza en el campo del diseño no concluye en las técnicas y los procedimientos proyectuales; de hecho, no concluye únicamente en el objeto, sino en la percepción.

Contemplado cronológica y comparativamente, y precisamente desde las diferencias con Ray Kaizer, pueden verse con precisión cuáles fueron los lugares de articulación de la sintaxis estética y los componentes técnicos y comerciales que cada uno aportó al conjunto simbiótico posterior.

Imágenes comparativas del lenguaje plástico y gráfico de los Eames

A partir del momento que se dio el encuentro de estas dos personas y la fusión de las aportaciones de cada uno, se establecieron en California en una relación profesional de carácter simbiótico y de retroalimentación más reconocida por ella que por él. A partir de esta simbiosis puede tornarse algo más complejo el rastreo de características individuales. Sin embargo, en el resultado final de sus producciones sobreviven y emergen con toda la fuerza inicial las formas orgánicas y de intervención espacial que ella logró en sus esculturas previas a la producción industrial. Los Eames fotografiaron los procesos de su trabajo y en estos registros se puede constatar de qué forma el arte y la técnica caminaron abrazados juntos. Abrieron estéticas de vanguardia que se vieron utilizadas de forma pionera en la historia de la producción del diseño, especialmente en moldes para vertido de resinas y su reproducción en serie. La obra conjunta resulta en un laboratorio de ideas y síntesis de aplicaciones.

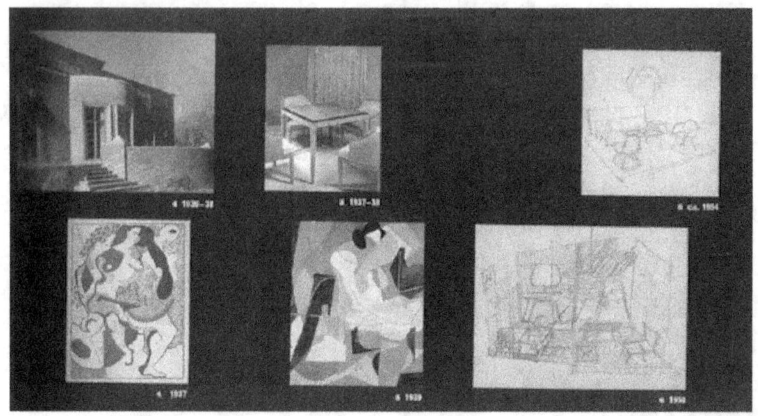

Imágenes comparativas del lenguaje plástico y gráfico de los Eames

Popularmente cuando expresamos que "trabajamos como chinos" nos colocamos en algún lugar en el cual el sujeto es parte de un grupo tan numeroso que lo asociamos con una producción en serie. Ser uno más ya depende del contexto, puede ser una situación muy carente de glamour, una especie de gris entre el blanco y el negro, rotando como Chaplin en la película Tiempos Modernos. Deseamos vernos como dueños de una personalidad, identidad, libertad y capacidad adquisitiva.

Este aspecto batallado en nuestra vida cotidiana se refleja en la literatura de Kafka, las películas de Chaplin, o *Metrópolis de Fritz Lang* y muchas otras representaciones. Hoy en día esta cuestión de la identidad se ve planteada por el sociólogo y filósofo Richard

Sennet[19] y el filosofo Sidi Mohamed Barkat. El primero trata la problemática de la situación del Homo Laborans en las condiciones del capitalismo Neoliberal, y el segundo trata el cuerpo del hombre como un campo de batalla crítico en el cual se liberan las relaciones de trabajo y las condiciones que impone el sistema de management moderno, como si fueran una nueva religión. Esta problemática está presente también en un punto de encuentro fértil, entre la disciplina del arte y la del diseño, y la producción. Ray Kaizer provenía del ámbito artístico y Charles Eames del ámbito tecnológico; los dos creadores supieron reflexionar sobre la cuestión de una banalización derivada de la masificación, y por lo contrario, otorgaron a este campo una nueva forma del objeto cotidiano. Algunas veces lo reivindicaban desde la artesanía étnica, otras desde una plástica artística. Esto sucedió quizás dos décadas antes de que en Estados Unidos se gestara, con un sistema de megamarketing y consumo, el discurso crítico del movimiento Pop Art con relación a los sistemas de reproducción.

Con los Eames se desarrolló una nueva historia de la forma, probablemente a partir de una proyección, que en parte fue el resultado de una idealización. Los Eames rediseñaron aspectos del mercado comercial siguiendo ideologías para un consumo más social.

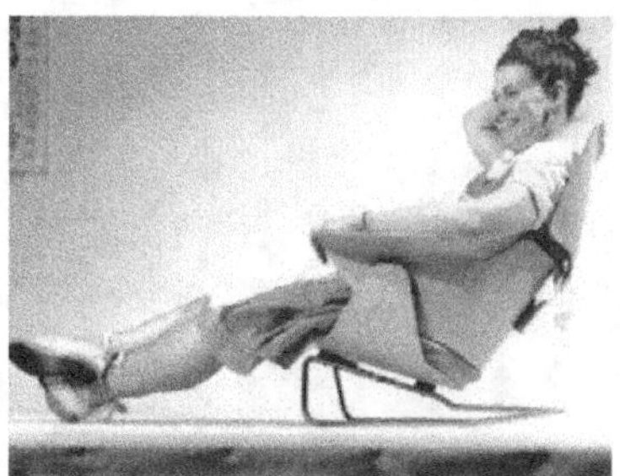

Ray Eames probando un modelo experimental de una
Plywood Lounge Chair 1945

---

19 Richard Sennet, *The Craftsman*, Allan Lane, 2008.

10. REFLEXIONES ACERCA DEL PROCESO ARTÍSTICO Y DEL DISEÑO A TRAVÉS DE ALGUNOS OBJETOS SEDENTES

En este apartado analizamos tres ejemplos de objetos sedentes que nos sirven de punto de partida para una serie de reflexiones. Las reflexiones se enfocan hacia un esfuerzo por presentar máximamente la relación entre proceso artístico y proceso del diseño, especialmente en las fases de la representación (en sus fases de experiencia silenciosa) y de la articulación previas a la fase de producción (es decir de expresión, comunicación). Este enfoque se hace fundamentalmente a partir de experiencias vitales, plásticas, simbologías y procesos pedagógicos. Los tres ejemplos exploran también formas de espacio distintas: un espacio euclidiano, un espacio geográfico y un espacio virtual. Cuatro personas ilustran los ejemplos de estas experiencias:

1ª. Ray Kaizer. Diseñadora, escultora y promotora.

2º. Charles Eames. Arquitecto técnico, diseñador, profesor y promotor. Eames fue el marido de Ray Kaizer.

3º. Daniel Yacubovich. Creador plástico, emigrante y profesor en la ESDi.

4ª. Silvia Philbrick. Alumna de 1er curso (2009-2010) en el taller de Forma y Color.

Los cuatro ejemplos personales que se presentan aquí son trabajos que manifiestan ideologías diferentes, que se ilustran en forma de tres modalidades de organización de la forma. Las modalidades son las siguientes:

1ª. Modalidad Morfológica.

2ª. Modalidad Semántica.

3ª. Modalidad Extensional.

1ª. Modalidad morfológica

Este ejemplo trata el objeto según pautas de tipologías: formas materiales, cromáticas y texturas; según sus configuraciones, sus superficies envolventes y su adaptación al espacio que las rodea, y según los requisitos de su industrialización.

Ejemplo 1

Empezaremos con la pareja de diseñadores Charles Eames y Ray Kaiser, cuyo tratamiento morfológico del objeto sedente puede ilustrar el proceso creativo en general y puede servir para la enseñanza del diseño. Se relacionará la obra de los autores con su biografía, formación e influencias. Veremos el desarrollo gráfico de las ideas de Ray Eames, el desarrollo material de sus esculturas y la proyección de esta materialidad particular, que se convirtió en objetos utilitarios comerciales gracias a la colaboración de Charles Eames. Procediendo de esta forma se aborda el cruce de la dimensión artística no utilitaria y la dimensión de una proyección utilitaria.

2ª. Modalidad semántica

Ejemplo que trata fundamentalmente del espacio como signo simbólico del asiento y de éste como signo simbólico de un lugar propio, frente a un espacio como lugar geográfico variable. Este ejemplo aporta la creación de una serie de sillas, transformables.

Ejemplo 2

Aquí se transcurre a través de objetos sedentes creados por Daniel Yacubovich desde un proceso de desadaptación / adaptación. El ejemplo está basado en la experiencia de inmigración en la vida del autor del presente libro. Los objetos sedentes son formas plásticas de la identidad, una derivación del paisaje que uno lleva consigo. Los objetos sedentes adquieren rasgos del nomadismo a través de grados de metamorfosis materiales que son la fusión de una mente que archiva cultura y un cuerpo físico que se desplaza hacia otros lugares de culturas distintas. Este aspecto migratorio es a la vez metáfora de procesos creativos.

Se presentan las sillas *sin lugar singular y paciencia*. Ésta última y su envolvente de cuero rojo se generaron en Cataluña y entre otras influencias por las de las formas de Gaudí.

3ª. Modalidad extensional

Una interacción contemporánea de tránsito entre un espacio como paisaje real en tres dimensiones hacia un soporte digital y sus paisajes virtuales.

Ejemplo 3

La autora del tercer ejemplo es la alumna Silvia Philbrick de 1er curso del Taller de la Forma y el Color de la Escuela Superior de Diseño, ESDi, cuyo ejercicio con el objeto sedente trata de un banco en la plaza Joan Fuster de Sabadell. El objeto sedente se desplaza entre una descripción dentro del paisaje real hacia un espacio cromático, finalmente virtual. En este caso el ejemplo es de un ejercicio de tres fases y pone énfasis en la importancia que tiene para el entrenamiento de los procesos de creatividad abarcar de forma integral el ejercicio pictórico analógico, fotográfico y virtual. Es el pasaje del espacio 3D, en este caso de uso público, hacia la traducción de un espacio cromático que cuestiona la fenomenología de estímulos sensoriales como lenguaje subjetivo.

Antecedentes gráficos de la 1ª. Modalidad morfológica: Ray Kaizer y Charles Eames

Para comenzar esta breve arqueología gráfica y la exploración de las conexiones posibles entre los dos autores, primero debemos revisar las imágenes de las formas realizadas por cada creador individualmente en sus comienzos creativos y también revisar algunos datos de su historia personal. Después contemplaremos el resultado plástico conjunto, a partir de su unión como pareja.

Esta forma de mirar nos permitiría concluir si el encuentro de estas dos fuerzas personales ha sido una fusión, un acuerdo, o una combinación que interesan en cualquier proceso del establecimiento de un lenguaje proyectual. A partir del estudio de su método de trabajo podremos también acercarnos a factores que se podrían deducir para la composición de un equipo de trabajo.

Teniendo en cuenta algunas entrevistas y planteamientos ideológicos profesionales de cada uno de ellos, podría hablarse de una ideología estética escultórica en una primera fase de su trayectoria. Posteriormente se emprende una fase de producción en serie, utilitaria y funcional, y de desarrollo de aspectos de la comunicación visual, el diseño comercial y la educación.
Si nos remontamos a las primeras expresiones que quedan del archivo de los Eames, convendrá remarcar primeramente las relaciones compositivas y formales del trabajo de cada uno para luego rastrear su evolución y concluir en imágenes posteriores de la expresión mixta y de mutuas influencias. En estos casos veremos los proyectos de carácter objetual y espacial en los cuales predomina el lenguaje escultórico de Ray.

Presentación del primer exponente: Ray Kaizer Eames

Ray Kaizer nació el 15 de diciembre del año 1912 en Sacramento, EE. UU. En sus entrevistas recuerda haber pasado de vivir en un departamento a un bungalow en una zona de campo y que esta experiencia marcó su memoria y algunos momentos de sus elecciones estéticas posteriores. Se graduó en el año 1933 en la prestigiosa May friend Benett School, en Nueva York, e ingresó en la Art Students League de Nueva York. Posteriormente, desde el año 1933 al 39, en la misma ciudad y durante años, tomó clases de formación plástica multidisciplinar en el taller del célebre artista Hans Hoffman con el que mantuvo una relación fructífera de aprendizaje. Hans Hoffman puede considerarse un precursor del expresionismo abstracto norteamericano y el artista que mejor supo trasladar o transmutar las nociones de espacio tridimensional a las de espacio cromático. Hans Hoffman fue uno de los artistas más reconocidos como docente en el campo plástico en EE. UU. y es considerado en la historia del arte moderno un personaje que creó un punto de inflexión entre los conocimientos de la formación artística de la Bauhaus europea y las enseñanzas americanas modernas de una pintura internacional y no regionalista en la época de la posguerra.

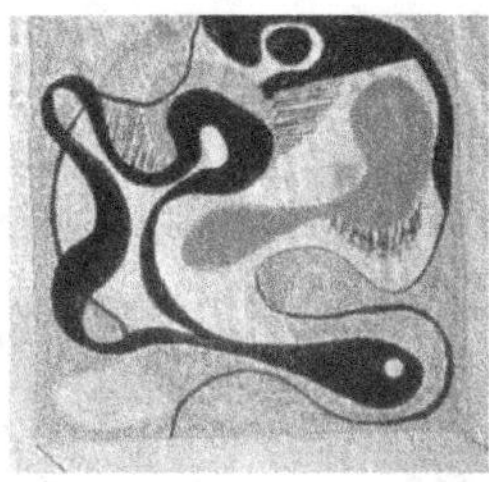

Ray Kaizer Eames, *Bosquejo para mural*, 1940

Ray Kaizer Eames, *Collage*, 1943

Ray Kaizer, una de sus alumnas más privilegiadas y creativas, fue uno de los miembros fundadores principales de la American Abstract Artists de Nueva York y alternó, en su vida creativa, estudios de danza, tecnologías y escultura. Durante toda su vida como artista y posteriormente en el ámbito del diseño, ya en colaboración con Charles Eames, centró su interés fundamentalmente en la dimensión espacial y cromática de los objetos y en su entorno natural y cultural. Desde estas primeras épocas ya se manifiestan sus intereses profundamente estéticos y sensibles a través de los centenares de cartas que fue enviando a su madre hasta la muerte de ésta en el año 1940. Además de ser una gran escultora y excelente dibujante, pintora y diseñadora, Ray era una coleccionista que dejó al final de su vida miles de objetos cotidianos y artísticos; colecciones de recuerdos y objetos de numerosos viajes por el mundo, que fueron entregados, después de una exhaustiva clasificación, como patrimonio nacional a la Biblioteca del Congreso de los Estados Unidos.

En la Cranbrook Academy of Arts, en uno de los talleres de materiales que conducían Elio y Eero Saarinen, padre e hijo arquitectos finlandeses con importantes intervenciones en el campo del diseño, Ray conoció a Charles Eames y puede considerarse que a partir de aquel momento hasta el resto de su vida asumió de forma predominante las filosofías, la trayectoria, los objetivos y la carrera de él. La autoridad de Charles y sus estrategias de trabajo con la producción en serie y el marketing a escala masiva eclipsan la importancia y contribución esencial de los criterios y el talento de ella. Aún así, el talento de ella se ve reflejado en la obra de los dos, cosa que intentaremos situar en este texto.

Uno de los aspectos que Ray reivindicaba desde su formación con Hans Offman era lo que él denominaba, dentro de la técnica de trabajo con el color, el "Push & Pull" (que significa empujar y tirar), es decir, la traslación virtual de los diferentes planos de la pintura hacia planos de una percepción del espacio pictórico que, a pesar de ser carente de perspectiva y de figuras, pudiera contener formas que parecieran existir en una composición tridimensional. Es decir, el Push & Pull implica comprender y sentir el espacio y, por consiguiente, la realidad circundante como un lugar íntimo para la apropiación individual, comenzando por el lugar íntimo de la percepción y con el objetivo de mejorar el sentimiento de armonía y fusión de la persona con el entorno físico y también emocional.

Es interesante ver que los proyectos que permanecieron de forma más insistente y duradera en la dilatada vida profesional de los Eames, según sus propios testimonios, fueron en el campo del mobiliario. La culminación se dio en los años 40, especialmente en cuanto a su revolución en la producción de las sillas llamadas "sillas Eames", que podríamos perfectamente llamar "sillas Kaizer", ya que en su conformación se manifiesta mayoritariamente el sentido artístico, estético formal y las preocupaciones espaciales de Ray, y no precisamente los criterios que Charles tenía en esa misma época.

Estas aseveraciones que hago no parten de un deseo de confrontar una cuestión de sexismo o proceder como un justiciero por la historia de la cultura a favor de Ray Kaizer, sino que quieren hallar, a través de este rescate, el extremo de un hilo que ilumine un camino creativo en favor de la didáctica. Este camino perdido en favor del marketing multinacional y las conveniencias económicas se realizó en perjuicio de un proceso plástico y de control del autor. Es interesante poder encontrar el extremo del hilo perdido en este ovillo que definimos como intereses de mercado y ser capaces de deducir con mejor eficacia cuál es la lección que podríamos posiblemente aprender.

En las imágenes que hay a continuación (escultura nº 1 **Big** chip) se pueden apreciar perfectamente los antecedentes estéticos de aquella estructura sedente, la preocupación por el plano topológico de geometrías elásticas atropomórficas, las metamorfosis del plano hacia el envolvente que alberga el espacio tridimensional. Por momentos estos planos se avanzan sugiriendo una danza y un regazo espacial.

Ray Kaizer Eames, esculura en
madera laminada 1942

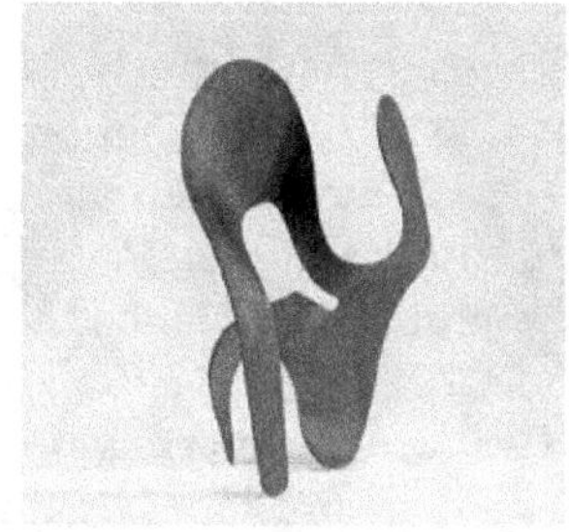

Ray Kaizer Eames, *Big chip*, escultura
en madera laminada 1943

La formación artística de Ray Kaizer, y su posterior desarrollo y evolución en el ámbito del diseño y la producción, nos permite deducir algunas conclusiones interesantes acerca de la enseñanza considerada artística y sus efectos formativos en el sentido más gestáltico integral de la persona. Sus resultados formales muestran una secuencia cronológica del desarrollo artístico, que en el transcurso de su roce con dimensiones de la fabricación de las funciones utilitarias se ve transformado en un lenguaje nuevo.

Color, espacio, objetos

¿Cómo es que las sillas de madera laminada de los Eames se originan en una noción puramente orgánica artística y no funcionalista?

Se dice que Eames, a pesar de comentar mucho acerca de la importancia del grupo y del equipo de diseño como un valor sobresaliente, nunca compartía los créditos de sus producciones. Sin embargo, en una entrevista, Charles Eames comentaba lo siguiente: [Ray] "Ella tiene un excelente sentido de lo que le otorga a una idea, o a una forma, o a una escultura, su carácter, de cómo se relacionan sus formas. Puede ver cuándo hay una mezcla equivocada de ideas o materiales, cuándo la división entre dos ideas no está clara. Si esto suena como una idea estructural o arquitectónica, lo es. Pero le viene a Ray a través de su pintura, cualquier discípulo de Hans [Hofmann] tiene un sentido de esta clase de estructura" (traducción propia)[20].

Los dibujos y esculturas de Ray que aquí se exponen reflejan sus criterios estéticos de vanguardia para su época y manifiestan en parte el contenido crítico positivo de los comentarios de su pareja y socio, Charles Eames. Pero estas imágenes vienen fundamentalmente a ilustrar el camino que precede a los objetos de mobiliario de madera laminada, gestados y conformados desde los talleres de la Cranbrook en busca de inquietudes por las problemáticas sociales y de expresiones orgánicas y ecológicas para un mobiliario confortable y de producción en serie.

Ray Kaizer también se dedicó a la danza. Esto le permitió ver el escenario de la representación desde el espacio y la luz en tres dimensiones. Las estructuras constructivas, fueran en el ámbito de la arquitectura como en el ámbito plástico o gráfico, se estaban despojando de excesos. Paralelamente a la creación de Ray Kaizer, las vigas, los rascacielos, la velocidad y la ligereza se unían en un intento de sobrevolar un país entero y de que luego el

---

20. Eames citado por Pat Kirkham, *Charles & Ray Eames: Designers of the Twentieth Century*, Cambridge, Mass.; The MIT Press, 1995.

"american way of life" conquistara el mundo con sus formas dinámicas. Es interesante que exactamente por la misma época, en el año 1947, el pintor Jackson Pollock se transforma en el primer "Performer" del arte pictórico como arte espacial (lo he comentado en el apartado *Sin lugar Singular*), cuando empezó a derramar pintZura mientras caminaba y se movía alrededor del lienzo extendido en el suelo. Estas formas de explorar el espacio han sido particularmente norteamericanas y se relacionan.

Aunque son mucho más tempranas, las cornisas volantes de la arquitectura de Frank Lloyd Wright representan una concepción pionera a la cual le sigue el concepto espacial de Ray en la escultura. Los techos o cobertizos en forma de voladizos representaban una superficie extendida en correspondencia con un espacio que ya no se considera vacío sino plástico. La plasticidad del espacio y el plano en consonancia potencian su funcionalidad, expresividad, al estar sujetos en puntos mínimos. Lo que actualmente denominamos minimalismo, es similar a la información que de su carácter cada vez mas autosuficiente nos comunicaba la estructura (la viga) siempre en relación articulada con otra dimensión, en este caso su sujeción de un plano de techo de cemento extendido sin necesidad de columnas.

En el horizonte de estos planteamientos siempre se esboza el sujeto, un usuario que gana movilidad en espacios cada vez más superpoblados. Estas tendencias hacia el paisaje de la extensión y la ligereza en los materiales plásticos constructivos se pueden relacionar visualmente con las formas de elevar asientos de tipologías como el de La Chaise de 1948. En este asiento Ray nos intenta transmitir la misma sensación del plano flotante mediante las patas metálicas finísimas de 12 mm de diámetro, que parecían hacer flotar el objeto como si fuera una capa envolvente a la espera de su usuario individual.

Por otra parte, considero que la tendencia horizontal dominante tanto de los planos voladizos y las casas de la pradera de Wright como los planos envolventes abriéndose en el espacio en las sillas de Ray, son consecuencia de una experiencia similar. Esta experiencia debió instalarse fundamentalmente en la percepción de los creadores norteamericanos a partir del espacio geográfico de los EE UU y la frecuencia alta de desplazamiento del americano medio a través de un escenario de fronteras ilimitadas, de gigantescas extensiones y a partir de una sensación de espacio "de sobras" para experimentar y moverse. Este hecho se manifestó a través de las escalas grandes que adquirieron los objetos norteamericanos. En sus diseños y producciones de objetos espaciales y objetos de uso cotidiano, los arquitectos, escultores, diseñadores, pintores norteamericanos dieron rienda suelta a sus proyecciones conformándolas según una gran escala espacial, mucho más que los autores europeos de la misma época. En esta realidad proyectaba sus ideas Ray Kaizer, que creía, como ya he dicho, que el suelo es un plano de retroalimentación y que cualquier acción del cuerpo en el espacio tridimensional culmina recuperando la gravedad. Así, nuestro cuerpo articula el suelo y el espacio, generando ritmos en la percepción.

Sin duda hubo una especie de proceso de "adopción" de la escultura, pero de la arquitectura también, por parte de los Eames. Entre los dos sintetizaron aquella forma de retroalimentación de la que hablaba: la faceta bailarina y escultora de Ray, fruto de su interacción entre el cuerpo y el espacio que lo rodea, con la faceta de adaptador que tenía él gracias a la fabricación técnica y las escalas masivas. Son las elecciones de su formación e inquietudes personales las que realmente se manifiestan y caracterizan a mi criterio a las "Sillas Eames", no menos como "Sillas Kaizer".

Las llamadas "Sillas Eames" son el contenedor y reflejo de la inmersión en los procesos plásticos que Ray Eames asimila durante su formación. La ideología de estas sillas y su manifestación en el espacio tridimensional son casi más características por lo que tienen de su envoltura del espacio, que por la tecnología que las produjo como sillas. Pero en cierto sentido, y siguiendo a Platón, puede que la tecnología las haya "Liberado" de las ideas y las haya remolcado desde su espacio puramente ideológico estético hacia muelles resguardados para la posteridad. Puede que esta parte de la obra de los Eames haya sido un gesto de reconocimiento que Charles Eames tuvo hacia el talento artístico de su esposa.

Ray Kaizer Eames, dibujos de sillas y de un móbil de Alexander Calder

Presentación del segundo exponente: Charles Eames

Charles Eames fue un visionario y se aplicó a sí mismo una de sus premisas fundamentales: que los creadores deberían poder relacionar conexiones entre aspectos aparentemente no conectados con el fin de detectar elementos en común que podrían converger en los procesos creativos y generar una información y un producto innovador en los objetos y en la comunicación. La palabra preferida de Charles Eames era "apropiado". Él consideraba que "lo mejor" puede ser igual a lo más caro, en cambio, lo apropiado en el mundo del diseño es lo necesario, lo que se adapta mejor. La ideología pragmática de Charles se complementó con la conexión con su segunda mujer, Ray Kaizer, igual como si fueran dos aspectos aparentemente no conectados. Contemplando el resultado de la trayectoria de los dos creadores, se hace prácticamente imposible separar el resultado de su obra en arte o diseño.

Charles Eames nació el 17 de junio de 1907 en Saint Louis, Missouri. De su padre, un excelente fotógrafo aficionado, heredó equipos de fotografía con los que se desarrolló e investigó en técnicas fotográficas que le acompañaron hasta sus proyectos para la

NASA o los proyectos educativos, como las grandes exposiciones sobre matemáticas o computación que realizó en los años 50 y 60. Después de dos años de estudios de arquitectura en la universidad de Washington, dejó la universidad y se puso a trabajar en un estudio de arquitectura, en el cual pronto se puso al mando de 100 arquitectos, delineantes y personal cualificado. Eames tenía una visión prodigiosa para la percepción de los materiales, la construcción y las diferentes técnicas posibles de organización económica y adaptación al mercado.

Después de casarse con su primera esposa, se trasladaron en el año 1938 hasta Cranbrook, en Michigan. Allí continuó sus estudios de arquitectura y diseño en la Academia Cranbrook de Arte. En los talleres de materiales conoció y trabajó con el arquitecto y diseñador Eero Sarinnen, el hijo de otro gran arquitecto y fundador de la academia, Eliel Sarinnen. Estos dos hombres, investigadores con nuevos materiales y con técnicas de laminado y prensado de madera, compitieron en concursos de diseño y arquitectura, fueron tutores y maestros para Charles Eames. En los talleres de la academia desarrollaban técnicas de amoldado de maderas laminadas y contrachapadas que curvaban con sistemas a base de presión y calor contra moldes de resina de poliéster y fibra de vidrio. Estos moldes fueron perfeccionados posteriormente por los Eames en su empresa de diseño.

Eames se transformó en ayudante de estos arquitectos y posteriormente pasó a ser profesor en la academia. En aquella etapa de su vida entró Ray Kaizer a tomar clases en uno de sus talleres. Ella estaba interesada en su formación general: plástica, escultura, ingeniería, danza y las aplicaciones de estas disciplinas en el espacio tridimensional.

En aquellos tiempos, una estética que provenía del organicismo se abría camino. La expresión de esta organicidad se reflejaba fundamentalmente en la madera como forma natural viva, noble y dúctil, en el espacio arquitectónico y su materialidad. Así lo expresó el arquitecto Frank Lloyd Wright. No es casual que Eero y Eliel, los dos hombres que promovían esta idea de mobiliario orgánico desde sus talleres en la Cranbrook Academy, fueran finlandeses, ya que guardaban una relación íntima con el paisaje de su país de origen y sus bosques, en los cuales abunda el agua y la madera, considerada una materia prima muy accesible.

Los valores del organicismo, y más particularmente en los proyectos de mobiliario, dejaban de lado aspectos tradicionales de la escuela funcionalista de la Bauhaus y se fusionaban con los rasgos típicamente norteamericanos del llamado Styling, que en parte promocionó el gran diseñador multidisciplinar Raymond Loewy en la época de la posguerra en EE UU. Esta fusión abarcaba e integraba nuevas características de la posguerra en América, materiales y formas recicladas desde los arsenales militares trasladados a una estética dominante en la producción civil. La nueva era del American Way of Life expresó su dinamismo y optimismo en prolongaciones naturales de las formas en el diseño: los automóviles brillantes, las terminaciones fluidas, los alerones que se podían ver hasta en las batidoras de cocina y en los relojes de pared.

Esta cultura de la forma norteamericana, originaria del poderío de la posguerra, se encontró en medio camino con las tradiciones de la madera que aportaron, desde Europa, Eero y Elio Sarinen. La madera fue adoptando una morfología dúctil y fluida de una estética que era fusión de la europea y la norteamericana, dinámica y envolvente, recogida y producida en series prácticamente populares. El hogar de los Eames se refleja como una especie de ventana a múltiples colecciones de objetos de procedencias étnicas muy diversas y fuentes de inspiración para ideas y campañas de promoción del conocimiento cultural y científico de su momento.

En los años 40, con el estallido de la Segunda Guerra Mundial, los Eames estaban inmersos, a través de la Cranbrook Academy y los talleres de Elio y Eero Saarinen, en numerosos experimentos con la madera laminada. Los Eames instalaron un taller en California y el ejército estadounidense les encargó desde férulas diseñadas para rehabilitar fracturas en heridos de guerra hasta piezas de fuselaje para aviones.

Uno de los descubrimientos de Charles Eames conjuntamente con Harry Bertoia, que en aquellos años colaboro en los talleres de la academia, fue separar la estructura única de concha para la silla (véase la imagen en la cual está sentada Ray sonriendo, las piezas del respaldo y el asiento están separadas y cada una responde de forma autónoma a las presiones del cuerpo). Esta estructura antes no respondía con suficiente resiliencia a la presión a la cual se veía sometida en el punto de inflexión entre respaldo y asiento. En este punto Charles Eames decidió separar las dos superficies en asientos de madera con respaldos separados y estructurados a través del concepto gráfico de esqueleto, en gran parte proveniente de las ideas de Ray. Posteriormente la forma de concha en una sola unidad volvió a aparecer en asientos posteriores realizados con metal y plástico.

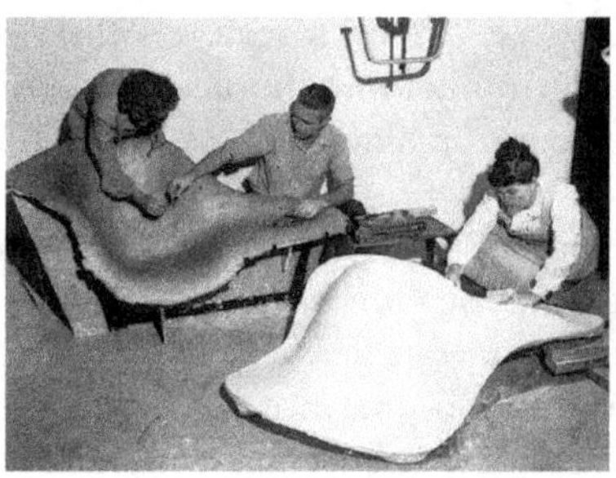

Preparacion de los moldes realizados con resinas y fibra de
vidrio para la silla, Lachaise

A Charles Eames se le considera uno de los grandes diseñadores del siglo XX, pero su gran talento residió sobretodo en dar repercusión, gestionar, promocionar y saber producir los talentos y los medios con los cuales promover ideas con las que él se identificaba.

Presentación del tercer exponente: Daniel Yacubovich

En el año 2004 diseñé una serie de asientos, sillas que fueron instaladas en el espacio de la sala Vinçon de Barcelona bajo el título de *Sin Lugar - Singular*. La silla emblemática de la instalación tenía cuatro patas, cuatro travesaños y dos brazos que se incrustaban sobre la extensión de las 2 patas traseras en la altura del respaldo. Pero la silla no tenía ni asiento ni respaldo. Era una estructura muy minimalista, soldada con varillas de hierro de catorce milímetros de diámetro. Era una escultura para cualquier lugar, que podía tornarse un objeto funcional para una persona individual, al igual que el tronco o la piedra en el camino.

El asiento y el respaldo de esta silla escultura eran el abrigo de cuero que yo llevaba puesto encima en el momento de entrar a la sala. El primer procedimiento fue quitármelo y encajarlo en la estructura y sentarme sobre el abrigo. El abrigo también estaba diseñado para soportar mi peso. Al finalizar la exposición, volví a desvestir la silla, me puse el abrigo y me marché a otro lugar.

Sin Lugar - Singular, 2004

Los que hemos realizado viajes y hemos emigrado desde nuestra tierra original llevamos con nosotros aspectos y contenidos que se manifiestan en el seno de las sociedades a las cuales nos integramos en una u otra medida. El hecho fundamental es la ruptura entre dimensión nómada y dimensión sedente. Esta ruptura se debe manifestar de forma simbólica pero también física en la proyección del objeto, sin lugar singular. Podemos traer algo nuevo que a veces se valora y otras, no; podemos también llevarnos algo nuevo que a veces nos olvidamos de valorar o lo reconocemos como innovador para nuestra existencia. De cualquier forma, deberíamos reconocer que hemos atravesado por un espacio mental y geográfico distinto una transformación profunda en nuestro viaje a otra cultura y este reconocimiento puede darse en el lenguaje de nuestras representaciones, en este caso las sillas que diseñé para expresar estas cuestiones.

La segunda silla que participaba en la instalación *Sin Lugar- Singular* era la silla negra *Samsa*, de cuyos brazos se prolongaba una extensión de alambres cubiertos de goma espuma que podían transformarse espacialmente. Esta es otra metamorfosis espacial y real del cuerpo y basada en el relato de *La metamorfosis de Kafka*. Es una metáfora de otra metamorfosis que busca fundirse con al cuerpo del usuario desde el viaje que culmina en el asiento. La migración nos transforma desde dentro. El cambio de espacio y de adaptación a una nueva realidad hace que tengamos que mudar una piel y comenzar a vivir con otra nueva.

Esta silla, aunque algo extraña en su apariencia, es adecuada para que gente mayor con minusvalías físicas pueda manipularla fácilmente a la vez que se ejercitan físicamente y crean formas diferentes con los alambres cubiertos de goma espuma.

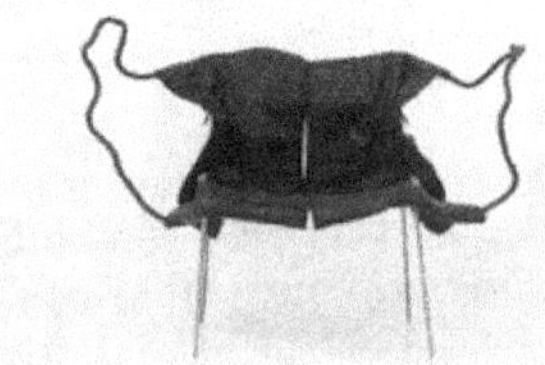

Daniel Yacubovich, silla *Samsa*, 1998

La tercera silla que había en la exposición era *Paciencia*. Está cubierta de un cuero rígido, que a lo largo del tiempo y con el uso, se va adaptando a la forma de asiento de la persona particular, a modo de zapato que se va acomodando con los pasos que se suman. Esta fue la primera versión y de ella existe la más alta y la de tipo butaca.

Daniel Yacubovich, silla *Paciencia*, 2000

Presentación del cuarto exponente: Silvia Phillbrick

La alumna Silvia Philbrick, de primer curso de la Escuela Superior de Diseño, ESDi, realizó un ejercicio de traslación de parámetros en tres espacios. En la primera fase de su trabajo de representación, pinta el paisaje exterior que el ejercicio estipula. La alumna se dedica a representar el banco de una plaza y después de un trabajo de comentarios y análisis pasa a fotografiarlo y trabajar con la imagen como tema en su ordenador. A partir de este procedimiento, el banco se ocupa de forma reiterada como si fuera un campo de pruebas de la actitud de la alumna frente al paisaje en transformación. Se vacía el "fondo" y el banco contiene al sujeto y al árbol. Posteriormente pasa a representar una composición en la cual el banco se desplaza por sí mismo transportando a sus ocupantes.

En el ejercicio siguiente se les pide a los alumnos ocupar un espacio mediante cintas adhesivas y generar una relación compositiva entre los planos de la cinta y los del espacio que se configura entre ellas. De este modo es como Ray Kaizer Eames se ejercitó con la pintura y el lienzo siguiendo las directrices de su maestro Hans Hoffmann por medio del Push and Pull, con el fin de generar la espacialidad particular de las dimensiones del color. En esta fase puede observarse la reconstrucción que la alumna hace de la dimensión espacial del banco. En la siguiente fase debe trasladarse el objeto al plano pictórico utilizando las cintas como reserva para la pintura. En este plano el banco ha pasado por varias fases de transformación iconográfica y vuelve a ocupar planos cromáticos en vez de espacio tridimensional.

En la siguiente imagen la alumna vuelve a ocupar el banco con una figura, es una derivación hacia dos presencias vitales que sin este proceso no se hubieran extendido, especialmente la que continúa el respaldo del banco como ramas de un árbol.

La parte final y más interesante de todo este proceso de investigación formal y cromática puede verse en la fusión de información entre el banco de madera y su identificación como lugar y no únicamente como un objeto. Hay dos bancos que adquieren carácter orgánico de ramaje y que por lo tanto connotan una presencia invisible del arraigo a un lugar. Esta presencia de arraigo podía sugerirse por medio de la materia, de la madera. El ejercicio cierra un círculo de pasajes de espacios de dimensiones distintas en el plano. Al mismo tiempo se representa el objeto sedente inicial que sirvió como referente para esta metamorfosis.

Silvia Phillbrick, primer curso, ejercicio cromático espacial

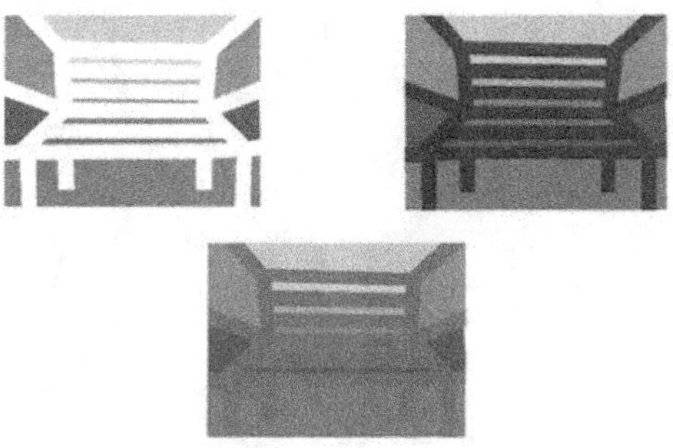

Silvia Phillbrick, primer curso, ejercicio cromático por ordenador

Silvia Phillbrick, primer curso, estructura narrativa del ejercicio

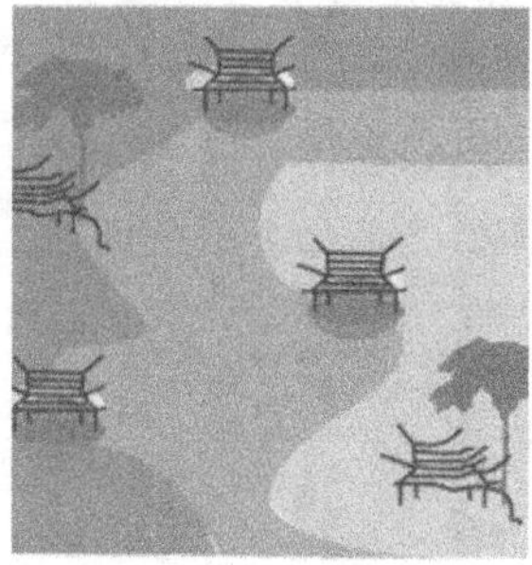

Silvia Phillbrick, primer curso, interpretación paisajística

REFLEXIONES FINALES

A lo largo del libro *Adaptación a Utopía* me ha interesado esclarecer en la medida de lo posible el espacio y las distancias dinámicas que se generan en nuestra percepción. En este No Lugar, el cual modelamos según diferentes estímulos y experiencias, se van ejercitando nuestra libertad de expresión y pensamiento.

Para comprender mejor nuestro intento de acceso a esta libertad, he situado la dinámica de la creatividad como factor clave. Me he planteado enfrentar dos instancias fundamentales de nuestras vivencias. La primera es lo que aquí denomino "presentación", que correspondería al mundo y sus objetos, o por lo contrario, el universo de los signos.

De alguna forma el fenómeno de la presentación deja de funcionar para nosotros (aunque sea temporalmente) como un producto representado por otro ser humano o inclusive por un animal y de algún modo actuamos frente a él con la libertad de no atribuirle una intención.

La otra instancia de la dinámica de la creatividad es la representación. En este caso, una construcción de la cultura. Esta representación empieza silenciosamente y frecuentemente emerge antes que el lenguaje verbal. Este tipo de representación está anclada en la experiencia y, generalmente, dado que somos seres comunicativos, aguarda el momento de pasar a la expresión. La segunda fase de esta instancia de la representación sería la del lenguaje que nos desplaza creativamente.

El producto de nuestra creatividad es enormemente variado, sin embargo todo lo creativo está negligentemente abandonado en esta dimensión que sugiero como distancia entre presentación y representación. Una vez andada la distancia entre presentaciones y representaciones de forma creativa, y no únicamente utilitaria, nos encontraremos más libres. El objetivo final de este libro ha sido tratar las formas de entrenar, en estas distancias, a corredores de fondo de la creatividad.

En la segunda parte del libro me he centrado en los objetos sedentes y especialmente en el ejemplo de Ray Kaizer Eames. Hemos visto que el lugar, o el no lugar, son relativos a las atribuciones que de ellos hacemos y a la información que se desplaza con nosotros y que nos conforma cada día. Nuestra presencia en un espacio se desarrolla en un "lugar" y nuestras transformaciones en "paisajes". Nuestra identificación con lo inaccesible sostiene un futuro. La utopía para nosotros es como la levadura para la harina: nos llena de espacios que a la vez se pueden llenar más. Lo creativo es lo que mejor lograremos con estos espacios. El pasado, el presente y el futuro son los resultados harmónicos de nuestras proporciones humanas y también son una esperanza y sentido en nuestras relaciones con otras personas.

El tiempo en estos espacios se manifiesta también mediante un grado de organización formal determinado, mediante las formas y los objetos que intervienen, se fijan y se disuelven. En este sentido considero la historia humana como un cúmulo de destinos informativos más o menos utilitarios. Por otra parte, muchos elementos pueden ser útiles o funcionales sin haber sido diseñados, como la piedra o el tronco, en los cuales nos sentamos y descansamos en un paseo.

En este lugar potencial y de conexiones de lo natural frente a lo utilitario y cultural, se fundamentan las experiencias que darán paso a alguna expresión. En este puente dejamos emerger el arsenal escrito de todos los usos que de la piedra y el tronco hemos estado haciendo y guardando. Cada época o era contienen un puente de referencia con el cual articular nuestra existencia. Para la pedagogía sería el mayor reto creativo descubrir cuál es este puente. Tenemos el tiempo suficiente. El aquí y el ahora continúan en su impertérrito encuentro.

REFERENCIAS BIBLIOGRÁFICAS

ADORNO, Theodor. *Tres estudios sobre Hegel*, Madrid: Taurus, 1974.

ALBRECHT, Donald et al. *The Work of Charles and Ray Eames: A Legacy of Invention*. Nueva York: Harry N. Abrams. 1997.

ARTAUD, Antonin. "The Theatre of Cruelty", en Eric Bentley (ed.) *The Theory of the Modern Stage* , Londres: Penguin, 1968.

BERGER, John. *Ways of Seeing*. Londres / Harmondsworth: British Broadcasting Corporation / Penguin. 1972.

BRADING, Katherine y Elaine LANDRY. "Scientific Structuralism: Presentation and Representation". *Philosophy of Science*, 73 (5), pp. 571-58. 2006.

DERRIDA, Jacques. *La escritura y la diferencia*. Barcelona: Antrophos. 1989.

DERRIDA, Jacques. La voz y el fenómeno. *Introducción al problema del signo en la fenomenología de Husserl*, Valencia: Pre-Textos. 1985.

EDWARDS, Phillip, (ed.). *Hamlet, Prince of Denmark. New Cambridge Shakespeare Ser.* Cambridge: Cambridge University Press. 1985.

Ladyman, James. *Understanding Philosophy of Science*. Londres: Routledge 1998.

Lederman, Leon y Cristopher T. Hill. *Symmetry and the Beautiful Universe*, Nueva York: Prometheus. 2004.

Levitin. Daniel J. *Tu cerebro y la música*. Barcelona: RBA. 2006.

Mauduit, Serge et al. *Cien Años, Cien Sillas. Colección Vitra Design Museum*. Valencia: Consorci de Museus de la Comunitat Valenciana. 2001.

Nelson. G. *Lenguages of Art. An Approach to a Theory of Simbols*. Indianapolis: Hackett Publishing Company, 1976.

Noguer - Rizzoli Editores. *Clásicos del Arte*. Milán.1982.

Quine. Willard van Orman. "On what there is". Review of Metaphysics, 1948. Reimpreso en *From a Logical Point of View*. Harvard University Press. 1953.

Salmon, Christian. Story telling. *La máquina de fabricar historias y formatear las mentes* . Madrid: Península. 2008.

SCHELLING, Friedrich W . *La relación del arte con la naturaleza*, Madrid: Sarpe. 1985.

SUAREZ. Mauricio. "Scientific Representation: Against Similarity and Isomorphism", *International Studies in the Philosophy of Science*, 17, 3, October 2003.

VAN FRESEEN, Bas: *The Scientific Image*. Oxford: Oxford University Press. 1980.

VITRA DESIGN MUSEUM. *El mobiliario de Charles y Ray Eames*, Weilam Rhein: Vitra. 2007.

WEISBERG, Robert W. *Creativity*. Dallas: W.H. Freeman & Company. 1986.

WICK, Rainer. *La pedagogía de las Bauhaus*. Madrid: Alianza. 1986.

El fin de las pequeñas historias

Eduardo Grüner

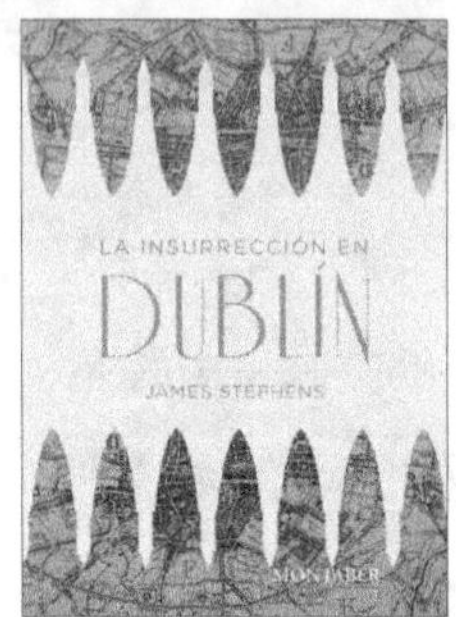

La insurrección en Dublín

James Stephens

Gráfica cooperativa en Barcelona. Iconografía del cooperativismo obrero (1875-1939)

Marc Dalmau

Una partida de ajedrez

Stefan Zweig

La economía social y solidaria en Barcelona

Anna Fernández i Iván Miró

Economías transformadoras de Barcelona

Rubén Suriñach

El entramado

Christian Ferrer

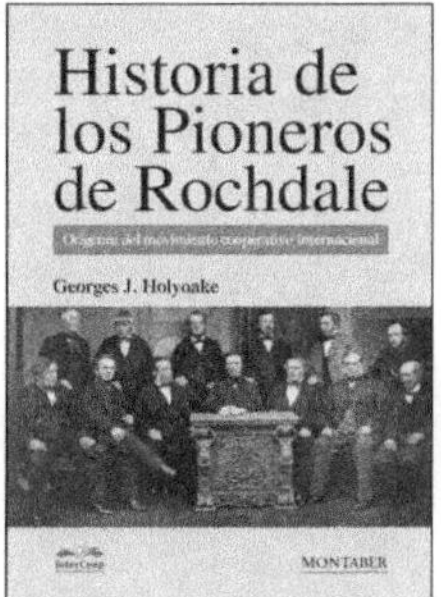

Historia de los Pioneros de Rochdale

Georges Jacob Holyoake

Apocalipsis

Karl Kraus

Los estudios culturales

Fredric Jameson

El barri de la Perona. Barcelona 1980-1990

Esteve Lucerón i Àngel Marzo Guarinos

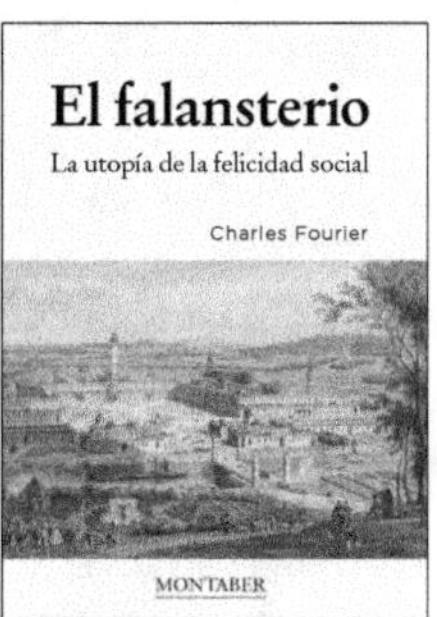

El Falansterio

Charles Fourier

MONTABER   València, 558 – 08026 Barcelona – Tel. +34-931 429 486 – montaber@montaber.es – www.montaber.es